Stefan Schumann

Über die Hoffnung

Stefan Schumann

Über die Hoffnung

"Du hast mir meine Klage verwandelt in einen Reigen" (Psalm 30,12) Wiener Predigten

Fromm Verlag

Impressum/Imprint (nur für Deutschland/ only for Germany)
Bibliografische Information der Deutschen Nationalbibliothek: Die Deutsche Nationalbibliothek verzeichnet diese Publikation in der Deutschen Nationalbibliografie; detaillierte bibliografische Daten sind im Internet über http://dnb.d-nb.de abrufbar.

Coverbild: www.ingimage.com

Contact:
International Book Market Service Ltd., 17 Rue Meldrum, Beau Bassin, 1713-01 Mauritius
Website: www.bookmarketservice.com
Email: info@bookmarketservice.com

Gedruckt in: USA, UK, Deutschland. Dieses Buch wurde nicht in Mauritius produziert.

Imprint (only for USA, GB)
Bibliographic information published by the Deutsche Nationalbibliothek: The Deutsche Nationalbibliothek lists this publication in the Deutsche Nationalbibliografie; detailed bibliographic data are available in the Internet at http://dnb.d-nb.de.

Cover image: www.ingimage.com

Contact:
International Book Market Service Ltd., 17 Rue Meldrum, Beau Bassin, 1713-01 Mauritius
Website: www.bookmarketservice.com
Email: info@bookmarketservice.com

Printed in: U.S.A., U.K., Germany. This book was not produced in Mauritius.

ISBN: 978-3-8416-0330-2

Inhalt

Vorwort

Predigten sind Hörerlebnisse. Jede Verschriftlichung nimmt ihnen etwas von der Lebendigkeit des gesprochenen Wortes. Dessen muss man sich bewusst sein, wenn man sich Predigten in dieser Form nähert.
Predigten suchen gemeinsam Fragen des Glaubens zu formulieren und Antworten zu suchen. In dieser Weise bestärkt manche Predigt den einen in seinem Glauben während ein anderer ratlos zurückbleibt. So bleibt eine jede Predigt ähnlich einem literarischen Kleinwerk dem Urteil, dem Geschmack und vor allem der Überzeugung eines jeden Einzelnen überlassen.
Somit sind Predigten Wagnis und Herausforderung für die Hörenden wie für den Prediger, die Predigerin selbst. Gelungene Kommunikation bleibt so, wie der Glaube, der durch die Predigt geweckt und herausgefordert sein will, immer unverfügbares Geschenk.

Alle Predigten sind in den letzten Jahren in Wien gehalten worden und haben Gespräche, Zustimmungen und Nachfragen ausgelöst, dass ich es wagen konnte, sie in diesem Band zusammengefasst zu veröffentlichen.
Bei diesen Predigten handelt es sich um nur leicht überarbeitete Kanzelmanuskripte, die ihre Herkunft nicht verbergen können und wollen: Zeilenumbrüche und die fehlende Interpunktion geben den Duktus der Rede wieder, sollen das ‚hörende' Lesen erleichtern, richten sich aber nicht nach gängiger Rechtschreibregelung und Zeichensetzung. Die Predigten dieses Bandes folgen dem Kirchenjahr, so dass mit einer Adventpredigt ein Anfang gesetzt wird und eine Predigt zum letzten Sonntag des Kirchenjahres (Ewigkeitssonntag) diese kleine Sammlung beschließt.

Alle Bibelzitate:

Lutherbibel, revidierter Text 1984, durchgesehene Ausgabe,

Voll Hoffnung für diese Welt

Predigt zu Römer 15,5-13

Der Gott aber der Geduld und des Trostes gebe euch, dass ihr einträchtig gesinnt seid untereinander, Christus Jesus gemäß, damit ihr einmütig mit "einem" Munde Gott lobt, den Vater unseres Herrn Jesus Christus.
Darum nehmt einander an, wie Christus euch angenommen hat zu Gottes Lob. Denn ich sage: Christus ist ein Diener der Juden geworden um der Wahrhaftigkeit Gottes willen, um die Verheißungen zu bestätigen, die den Vätern gegeben sind; die Heiden aber sollen Gott loben um der Barmherzigkeit willen, wie geschrieben steht (Psalm 18,50):
»Darum will ich dich loben unter den Heiden und deinem Namen singen.« Und wiederum heißt es (5.Mose 32,43): »Freut euch, ihr Heiden, mit seinem Volk!« Und wiederum (Psalm 117,1): »Lobet den Herrn, alle Heiden, und preist ihn, alle Völker!« Und wiederum spricht Jesaja (Jesaja 11,10): »Es wird kommen der Spross aus der Wurzel Isais und wird aufstehen, um zu herrschen über die Heiden; auf den werden die Heiden hoffen.«
Der Gott der Hoffnung aber erfülle euch mit aller Freude und Frieden im Glauben, dass ihr immer reicher werdet an Hoffnung durch die Kraft des Heiligen Geistes.

3. Advent-
Advent

das ist für mich wahrnehmbar
ganz intensiv
ein „sich nach Innen hin kehren".
Nicht im Sinne
von Besinnung und Stille
so wie es uns immer
eingeredet wird
dass es so zu sein habe.

Nein!
Sondern vielmehr als eine Konzentration

auf Innenräume im wahrsten Sinne des Wortes:
Vom kühlen Wetter unterstützt
richten wir uns mehr und mehr zuhause ein
schmücken die Innenräume
ziehen uns zurück
legen Wert auf Freunde und Familie.
Vielleicht mehr noch als in manch anderer Zeit.

Das Außen versinkt in der frühen Dunkelheit der Tage.
Das Nahe wird näher -
das Ferne rückt weiter ab.
Advent und Weihnacht
feiert man nicht in der Welt
sondern in der Heimat
um es so zu versuchen zu beschreiben.

Da hinein dringen diese Worte des Paulus
in denen es ganz intensiv um die ganze Mitte unseres Glaubens -
um Gott selbst geht.
Und den Raum jetzt im Advent weit macht und öffnet -
die Fenster aufreißt
und unsere Kerzenflammen ordentlich zum Wehen bringen.

Vom Gott im Advent ist also die Rede...
Und ich möchte Sie fragen,
ob es Ihrer Vorstellung nach einen Wiener Gott gibt?
Einen Gott dieser Stadt-
sonderbar diese Frage?
Oder hat Österreich einen Gott?
So dass vom Gott Österreichs die Rede sein könnte...?
Verwunderung über eine solche Frage...?

Gibt es einen Gott Europas?

Da wird's ja schon schwieriger
die Frage einfach abzulehnen.
Sie kennen vielleicht die Diskussion
um „Gott“ in der Verfassung unserer Europäischen Union:
die Frage danach, ob dieser Bezug festzuschreiben wäre
oder nicht.
Gibt es einen europäischen Gott -
und wenn es einen solchen gäbe -
gibt es dann auch einen *nicht*-europäischen?

Bringen wir diese unmögliche Fragerei auf die Spitze:
und gleichzeitig auf den entscheidenden Punkt:
gibt es einen Gott der Christinnen und Christen? ...
und wenn ja-
gibt es dann auch einen Gott der Nicht – Christinnen und Christen?

Die Fragen klingen zum einen lächerlich
zum anderen irritierend finde ich
und sind doch schon recht alt:
Denn Paulus spricht vom Gott der Juden
und vom Gott der Heiden.

Ich schau auf unsere Adventkerzen am Kranz
und überlege mir
dass die Vierzahl der Kerzen über die Jahrhunderte hinweg gerne
für den Erdkreis symbolisiert verstanden wurde -
für unseren Glauben in allen Himmelsrichtungen:
von Ost nach West und von Nord nach Süd.

Aber ist unsere Rede von Gott demgegenüber
nicht sehr exklusiv und bleiben da nicht viele Menschen draußen?
Vielleicht macht ein Gespräch
das ich erst in den letzten Tagen geführt habe dies deutlicher:

ein Gespräch, das nicht zum ersten Mal einen solchen Verlauf genommen hat.

Mir saß ein Mensch gegenüber
der aus der Kirche ausgetreten war
und einen neuen Weg für sich gefunden hatte.
Er sagte: für ihn gäbe es ein höheres Wesen
das in allen Religionen gleichermaßen
und wohl auch gleichberechtigt zu finden sei
und fragte mich:
seid ihr nicht sehr begrenzt mit eurem Glauben?
Wwas ist bei euch mit den Menschen, die nicht Christen sind?
Ist Gott nur ein Gott der Christen?
und ist der Rest der Menschheit
nur als *noch-nicht-getauft* zu verstehen?
Eine Sicht, die in der aggressiven Form der Mission
ja lange genug bestanden hat.

Es sind keine einfachen Fragen
das weiß ich
und ergibt sich in gleicher Weise in der bekannten Frage:
Was ist mit Babys, die ungetauft sind
oder vielleicht sogar ungetauft versterben:
haben die keinen Anspruch
auf die von Gott verheißene Zukunft?
Sind die ausgeschlossen von der Verheißung
an die wir glauben?
Sind sie ausgeschlossen
vom Advent Gottes in dieser Welt?
Ist Gott nur ein Gott der Christen?
Und heißt das, dass damit auch der Glaube
die Menschen auf dieser Welt
und die Menschen in unserem Europa
oder unserem Land

und unserer Stadt-
dass unser Glaube also
die Menschen voneinander trennt?
In diejenigen die glauben
und diejenigen, die nicht glauben...?

Mit dem Blick auf die Kerzen am Adventkranz
und mit Blick auf die Worte unseres heutigen Predigtabschnitts
möchte ich eine Antwort suchen:

Christus ist ein Diener der Juden geworden
schreibt Paulus und das Wort erinnert daran
dass der Gott unseres Bekenntnisses
das wir Sonntag für Sonntag sprechen
dass der Gott des „Vater Unsers“
der Gott des Volkes Israels ist.
Und fern der Fragen des heutigen Staates Israel
und all seiner Probleme heißt das:

Es gibt für uns keine Zukunft
ohne eine Zukunft des Gottesvolkes Israel.
Für diese Hoffnung brennt für mich die erste Kerze:
Die Kerze des ersten Bundes Gottes mit seinem geliebten Volk.

Gott ist der Vater Jesu Christi in unserem Bekenntnis
und daraus gehören alle Getauften in die Gemeinschaft der Christenheit.
Eine befreiende Gemeinschaft
mit unglaublich vielen verschiedenen Traditionen:
vom orthodoxen Glauben des Ostens
über den römisch-katholischen Glauben Europas und der neuen Welt
bis hin zu den Kirchen der Reformation verstreut auf dem Erdball.
Eine Vielfalt in der Einheit Christi.
Hoffnung für die weltweite Christenheit

und all ihrer Menschen:
dafür brennt unsere zweite Kerze.

Und nun nochmals die Frage:
was ist mit den anderen Menschen?
Davon spricht Paulus deutlich:
Gott ist ein Gott der Heiden!
Immer wieder neu spricht er mit den Psalmen von Gott
den die Völker, den alle Heiden preisen werden.
Da geht das Fenster in die Welt auf.
Da wird der kleine Gott Europas
und der eingesperrte Gott der Traditionen
verschiedener Länder und Völker
wieder genannt als der er eigentlich bekannt wurde:
als Gott der Heiden!
Und dies Wort nicht negativ
nicht abwertend verstanden
sondern
als Gott *aller* Menschen
als Gott der Ungläubigen und der Glaubenden
als Gott der Hoffnungslosen
und derer, die voller Hoffnung warten.
Die dritte Kerze am Kranz brennt für alle Menschen
und gerade für die, die nicht Christen sind.

Ja und die vierte Kerze...
die heute am 3. Advent
noch *nicht* brennt
sie steht für die Hoffnung selbst -
für den Advent Gottes
für das Hereinbrechen in unsere Welt.

Weihnachten feiert man in der Heimat

das stimmt.
Aber als Hoffnung für diese Welt
und für all ihre Menschen.
Paulus schreibt:
Der Gott der Hoffnung aber erfülle euch mit aller Freude und Frieden im Glauben, dass ihr immer reicher werdet an Hoffnung durch die Kraft des Heiligen Geistes. AMEN.

Fürchtet euch nicht

Lukas 2,7-11

Und Maria gebar ihren ersten Sohn und wickelte ihn in Windeln und legte ihn in eine Krippe; denn sie hatten sonst keinen Raum in der Herberge. Und es waren Hirten in derselben Gegend auf dem Felde bei den Hürden, die hüteten des Nachts ihre Herde. Und der Engel des Herrn trat zu ihnen, und die Klarheit des Herrn leuchtete um sie; und sie fürchteten sich sehr.
Und der Engel sprach zu ihnen: Fürchtet euch nicht! Siehe, ich verkündige euch große Freude, die allem Volk widerfahren wird; denn euch ist heute der Heiland geboren, welcher ist Christus, der Herr, in der Stadt Davids.

Weihnachten ist da -
oder ist es dies schon länger?
Und ich mein es jetzt nicht kritisch
sondern ganz-
wirklich ganz positiv.

Denn schon lange haben wir die Lichter des Adventes
und das ist gut so
denn lange Wochen hat sich die Dunkelheit
mit der Kürze der Tage ausgebreitet -
und schon lange haben wir die Lieder
und die Stimmung -
und die Christbäume geschmückt
in den Geschäften-
und auf uns wartend auf den Straßen zum Verkauf-

und das ist doch nicht alles
negativ oder belästigend
das hat doch auch etwas

trägt uns langsam hin zum Fest
stimmt ein
wie es so gut heißt.

Weihnachten ist da!
Aber jetzt mit dieser Stunde eben ganz da.
Das war es bisher nicht:
die letzten Wochen immer noch Vorbereitung
und manches Gedrängel
und manches
das wir in Kauf genommen haben
vielleicht auch zähneknirschend
oder mit einem milden Lächeln.

Aber jetzt beginnt Weihnachten
an diesem Abend -
oder genauer nach alter orientalischer
und damit auch jüdischer Tradition
genau dann, wenn der erste Stern am Himmel zu sehen ist
oder wenn bedeckt eben dieser Himmel -
zu sehen sein könnte.
Denn dann schon
nicht wie bei uns mit 24 Uhr Mitternacht
beginnt der neue Tag: Christtag.
.
Mit der Dunkelheit beginnt er
und der Stille
die die Dunkelheit
- mag der Abend am Anfang auch noch so laut sein -
doch ganz sicher mit sich bringen wird:
irgendwann ist die Nacht nicht nur dunkel
sondern auch still.

Die Dunkelheit ist etwas ganz Einzigartiges
das vergisst man so leicht
weil wir doch gerne immer gleich über das Licht
beginnen zu reden -

Dunkelheit-
vielleicht haben Sie es auch erlebt:
vor bald zwei Wochen der Stromausfall
hier in weiten Teilen unserer Gegend -
Straßenzüge ohne jegliches Licht.

Ich sag ihnen ganz ehrlich:
mir hätte da der kleinste Lichtschein genügt
der mir den Weg zeigt
und mir auch dieses Gefühl
das nur Dunkelheit vermitteln kann
genommen hätte-

das ist nicht Angst-
sie kennen es-
das ist Anspannung, Unsicherheit
eine eigene Kälte, die die Dunkelheit mit sich bringt.

Das Volk, das im Finstern wandelt, sieht
ein großes Licht, und über denen, die da wohnen
im finstern Lande, scheint es hell.
Erzählt die Bibel.

Dunkelheit als eine elementare Erfahrung
Dunkelheit in dem was erlebt wird
Dunkelheit um einen herum-
ohne Hoffnung
ohne Freude.

Und dann das Licht.
ein großes Licht und es scheint hell.

Auch unsere Weihnachtserzählung
aus dem Lukasevangelium kennt dies:
in der Dunkelheit der Nacht
kommt ein Engel zu den Hirten
und entscheidend ist, was wahrgenommen wird:
es ist das Licht:
„und die Klarheit des Herrn leuchtete um sie" heißt es.

Das ist überhaupt etwas ganz eigenes:
dass die Weihnachtserzählung mit der Begegnung zweier
völlig unwahrscheinlich zusammen zu denkender Gruppen beginnt:
Engel und Hirten treffen aufeinander.
Natürlich in den Krippenspielen unserer Kinder
landauf landab sind dies die beliebtesten Rollen.
Aber in damaliger Vorstellung- undenkbar!
Engel und Könige- ja, das schon!
Aber Engel und Hirten?! Nein!

Das erste Licht, das damit nicht nur
auf die Dunkelheit der Nacht trifft
sondern auch auf die Dunkelheit dieses Menschenschlages
auf die Dunkelheit ihres Treiben
dem man zutiefst misstraute…
Von der Gesellschaft verfemt
und als Rumtreiber abgestempelt
suchten sie die Dunkelheit als Schutz dort
wo andere Menschen wenig hinkamen.
So wie hier des Nachts auf dem Felde bei den Hürden.
Und ihnen gilt das erste Licht...?

Überraschend ist für mich die Botschaft
und es wäre wert als Frage zu einer Weihnachts-,Millionenshow‘,
was denn die Engel als erstes zu den Hirten sagten...
Sie wissen es, haben es gerade gehört-
aber denken sie
würde man vier mögliche Antworten vorgeben:

1) *Euch ist heute der Heiland geboren* oder

2) *Freuet euch im Herrn* oder

3) *Friede sei mit euch*

oder eben

4) *Fürchtet euch nicht* -

es wäre spannend zu hören
wie viele die richtige Antwort wüssten.
Und ich find gerade dies an der ganzen
Weihnachtserzählung so unglaublich wichtig:
Das erste Wort der Verkündigung
der Ankündigung
ist *„Fürchtet euch nicht“*!

Für mich ein Zeichen des Ernstnehmens der Situation
in der wir Menschen stehen.
Fürchtet euch nicht -
das heißt doch:
wir stehen in Angst und Sorge
so vielfach in unserem Leben.
Es gäbe genug zu fürchten
ganz persönlich -
ganz nah im Umkreis -
wer weiß denn schon von uns
was das nächste Jahr bringen wird an -
modern nennt man es jetzt *Herausforderungen*.
Situationen, die uns belasten und eben Sorgen bereiten.

Und wer weiß denn
was uns gesellschaftlich
oder als Mitbürger dieser Erde
alles erwarten mag
und das Thema der Krise unserer Welt
wird sich nicht freiwillig von uns wenden.

Fürchtet euch nicht-
das ist ein gutes Wort zu hören.
Das ist wesentlich und ist Zeichen dafür
dass Weihnachten eben kein Fest ist
wo es nur um ein wenig romantische
oder sentimentale Stimmung ginge- nein!
Weihnachten ist ein Fest
in dem es zutiefst um uns Menschen geht.

Fürchtet euch nicht!
Und dann erst -
kommt die nächste Botschaft der Engel:
Große Freude verkündige ich euch
und das stimmt.
Die Angst angesprochen
ausgesprochen, wahrgenommen
lässt die Sorge erträglicher und vielleicht gar leichter werden.

Nun kann Freude groß werden.
So wie beim Propheten Jesaja zu hören ist:
„Du Gott weckst lauten Jubel
machst groß die Freude"
und nicht weil es keine Angst mehr gäbe
sondern weil wir wissen
dass sie ein Ende finden wird
und dieses Ende schon angebrochen ist.

Und dann können wir uns auf den Weg machen
durch die Dunkelheit wie die Hirten
und das Licht des Sterns suchen -
und dann können wir vor der Krippe stehen
und völlig ungläubig staunen.
Und wir können uns auf den Weg machen
wie die Hirten und diese Botschaft weitertragen -
die Botschaft davon
dass ‚jeder Mantel mit Blut verbrannt wird‘
wie Jesaja es sagt
oder wie in der Weihnachtserzählung:
dass Frieden werde und Recht und Gerechtigkeit aufgerichtet
und nicht nur ein *bisschen* Frieden
und nicht nur ein *bisschen* Gerechtigkeit
sondern ganz und gar!

Das ist die Weihnachtsbotschaft
und mehr noch:
das ist die Forderung:
Dass ohne Frieden auf Erden
und ohne Gerechtigkeit
die jedem Menschen bedingungslos gilt
wir nicht ruhen können und dürfen.

Weihnachten ist die Erinnerung daran
was noch alles aussteht.
Weihnachtsfeste
sind darum zutiefst Feste der Hoffnung
für diese Erde und ihre Menschen.

Und dass wir das feiern dürfen
alle Jahre wieder, dafür sei Gott Lob und Preis in Ewigkeit.

Weihnachten kennt keine Krise

1. Johannes 1.1-4

Was von Anfang an war, was wir gehört haben, was wir gesehen haben mit unsern Augen, was wir betrachtet haben und unsre Hände betastet haben, vom Wort des Lebens – und das Leben ist erschienen, und wir haben gesehen und bezeugen und verkündigen euch das Leben, das ewig ist, das beim Vater war und uns erschienen ist -, was wir gesehen und gehört haben, das verkündigen wir auch euch, damit auch ihr mit uns Gemeinschaft habt; und unsere Gemeinschaft ist mit dem Vater und mit seinem Sohn Jesus Christus. Und das schreiben wir, damit unsere Freude vollkommen sei.

Sonntag nach Weihnachten
in unserem Kirchenjahr ist das kein unbedingt schönes Wort
der erste Sonntag in der Weihnachtszeit -
das würde besser klingen.

Oder ist es doch vorbei
und ist schon Resümee zu ziehen
heute -
nach drei Tagen des Feierns
bevor morgen die Geschäfte wieder öffnen
und damit die alles entscheidende Frage sich stellt:

Was bleibt von Weihnachten
was ist die Botschaft
die nachklingt und hallt?

Und eine jede Predigt heute
in all unseren Kirchen
wird danach suchen:

was kann
und was darf bleiben?

Oder ist Weihnachten
dann doch nur wie
ein Weihnachtsmann aus Schokolade von…
… wir kennen die Firma
original nur mit dem Glöckchen…
also schön anzusehen
unglaublich süß
wohl schmeckend
aber aufgegessen
ist es einfach vorbei…?
und zurück
bleibt nur ein Völlegefühl
und wohliger Geschmack…?

Oder ist Weihnachten nur
wie ein Weihnachtspunsch:
zwar unheimlich gut duftend
aber schnell-
viel zu schnell erkaltend
und nicht viel Wärme spendend…?

Oder hat Weihnachten gar
nicht mehr Kraft
als eine spielfilmlänge Rührung
und Unterhaltung mit wehmütigen Erinnerungen?

Zurückblickend war es ja ein Weihnachten
das als einen dauerhaften Advent
- wenn ich es so ausdrücken mag -
das Thema der „Krise“ an seiner Seite hatte.

Das ganze Jahr über und alles
was in diesen so ziemlich genau 12 Monaten geschah
wurde unter diesem Vorzeichen gesehen und bewertet
bis hin zu der bangen Frage und dem unsicheren Blick:
wird Weihnachten selbst krisenhaft werden?

Wird Weihnachten also zum negativen Wahrzeichen dieser Krise werden -
ihr Höhepunkt?
Und vor einem Jahr kam genau diese Sorge in den Blick…

Und die Antwort, die nun zu geben ist?
Ganz einfach -
alle Sorge war auf Weihnachten hin besehen völlig falsch.
Die Krise hat Weihnachten nicht befallen.

Weihnachten kennt keine Krise!
betitelten am Montag schon die Salzburger Nachrichten
und schrieben weiter:
Unbeeindruckt. Die Österreicher kaufen heuer Geschenke, als ob es keine Krise gäbe. Der Handel steuert auf einen neuen Rekord zu.

Die Menschen haben sich also verweigert
zu Weihnachten vom Traum, das alles gut sei, Abschied zu nehmen.
Weihnachten sollte sich unverändert gestalten.

Die Menschen verweigerten damit
sich nehmen zu lassen
was an Weihnachten gut und teuer
wert und wertvoll ihnen ist.
Weihnachten ist krisenresistent -
vorerst zumindest.

Und Nein!!!!
Ich weigere mich zu sagen
das sei der Erfolg der Werbung
und des Konsums allein
und der Lust der Menschen daran -
nein!
Es zeigt ganz einfach auf
wo der Menschen sparen will und wo eben nicht.

Eben nicht an Weihnachten
hier geht es nicht um weniger
sondern anscheinend immer um ein ‚Mehr'.

Weihnachten ist wie die Fernsehwerbung
immer wieder sagt anscheinend wirklich
ein Stück weit zauberhaft.

Was bleibt von Weihnachten
war die Frage.

Der 1. Johannesbrief
nennt es mit wunderbar berührenden Worten:
das Leben ist erschienen
und schenkt uns damit
ein ganz kraftvolles und eigenes weihnachtliches Bild.

Das Leben ist erschienen
und wie wollte man Leben denn anders
oder nachdrücklicher erscheinen lassen
als in einem Baby.

Mit dem Kind in der Krippe ist das Leben erschienen und meint:
Leben hat sich gezeigt als solches was es wirklich

zutiefst und im Innersten ist:
Leben ist kostbar und verletzbar -
Leben ist so zart
ebenso verletzbar wie das Baby in der Krippe zu Weihnachten

Und wie zeigen wir denn auf Plakatwänden in unserer Stadt
wenn es gewollt wird, die Einzigartigkeit des Menschen?
Entweder mit einem Baby
oder mit einem alten Menschen
weil in beiden der Zauber der Verletzbarkeit und Schwäche wohnt.

Wir leben ja und tun ja gerne so
als seien wir selbst unverletzbar
vielleicht sogar ein bisschen unsterblich
und nichts könnte uns passieren und geschehen.

Aber auch wenn wir nach außen hin uns stark geben
und alles andere als Schwäche verstanden
wissen wollen -
nach innen blieben wir genauso verletzbar
brauchen wir den Schutz
wie ein Kleinkind oder ein Baby.
Unsere Haut ist nicht viel dicker
und unser Kopf nicht viel härter.
Wirklich nicht.

Darum ist es kein Zufall
und ganz sicher keine falsche Sentimentalität
wenn um Weihnachten herum
alle Schwäche von Leben zum Thema
und hinterfragt wird darauf
welchem Stellenwert wir diesem einräumen in unserer Gesellschaft:
ob wir Leben klassifizieren

also manches höher als anderes bewerten
oder das eine wertvoller als das andere…

Ob dem Menschen
weil geliebtes Geschöpf Gottes
alle Würde in gleicher Weise -
wirklich in gleicher Weise zukommt
oder ob es Menschen gibt
die würdelos betrachtet und gesehen werden -

und ich will keine Personengruppe jetzt nennen
denn ausgesprochen
schafft es genau diese Wirklichkeit-

aber wir kennen die Fragen
die mit jedem Weihnachten neu
zur Würde des Menschen laut werden
und eben nicht mit Silvester
im Dröhnen von Neujahrswünschen
vergehen dürfen.

Aber nicht nur die Schwäche von Leben
sondern Leben selbst wird Thema.
Darum ist Kirche zu Weihnachten
auch immer ein Stück politische Kirche
und das meint:
öffentliches
hörbares
gesellschaftlich wahrgenommenes
und auch gefordertes Wort.

Und dann wird eben genau
zu diesem Weihnachtsfest in diesem Jahr gesagt werden müssen

dass zu der Würde des Lebens
auch die Arbeit
und das Recht auf Arbeit gehört.
Das ist die Antwort dieses Weihnachtens
auf das Thema der Krise
kein anderes!

Das Leben ist erschienen
sagt unser 1. Johannesbrief
wir haben vom Wort des Lebens gehört -
fast poetisch diese Sprache -
und dieses Wort haben wir nicht nur gehört
sondern auch gesehen und betrachtet
und betastet mit unseren Händen -
das Wort hat Gestalt -
es ist anzufassen.

Leben ist begreifbar geworden
wirklich begreifbar:
in einem jeden Menschen
mit einem jeden Kind
und jedem Greis.

Natürlich nicht erst mit Jesu Geburt
wurde der Wert des Lebens überhaupt bezeugt.
Nun aber in dieser Einmaligkeit als von Gott gewollt
und das ist mehr.

Das Leben so verletzbar
ist eben dies gewollte Leben
und genau darin vollkommen:
vollkommen erst in dieser Verletzbarkeit.

Keine Supermenschen
keine Leistungstiere
keine „Besser-Schöner-Höher-Über-allesdrüber-Stärker-Typen“
machen den Wert des Lebens
sondern dies verletzbare Leben selbst.

Was bleibt von Weihnachten war die Frage
und unser 1. Johannesbrief
gibt eine klare und deutliche Antwort:
die Aufgabe, diese Botschaft zu bezeugen
und zu verkünden:
Das Leben ist wertvoll -
so unglaublich wertvoll
und in seiner Verletzbarkeit
flüchtig -
nur ein Augenaufschlag scheint es zu währen
in der Ewigkeit
und erst
bedeutsam durch das Ja Gottes dazu.

Daraus folgt aller öffentliche Auftrag der Kirchen:
dies „Ja Gottes“ zu verkündigen.

Es wird nicht einfacher werden
diesen Auftrag aus dem 1. Johannesbrief
wahrzunehmen.
Die Kirchen werden immer argwöhnischer
betrachtet und wenn eine Tageszeitung schon am Heilig Abend
am Vorrechnen ist
dass die Mitgliederzahlen
ob katholisch oder evangelisch
in diesem Jahr stark geschwunden sind -
dann macht das deutlich

dass Kirchen darauf gewiesen werden
ihre Stellung in der Gesellschaft
selbstkritisch zu reflektieren.
Und so vorsichtig Kirche mit allen Fragen der Macht umzugehen
und sich selbst in die Schranken zu weisen hat
umso mehr hat sie unabhängig von jeder Größe und Mitgliederzahl
von Weihnachten der Welt gegenüber Zeugnis zu legen:
dass das Leben erschienen ist
und hat für dessen Schwäche
und Verletzbarkeit einzutreten.

Dass wir diesen Auftrag haben dafür sei Gott Lob und Preis in Ewigkeit.

Schwein haben

Lukas 12,35-40

Lasst eure Lenden umgürtet sein und eure Lichter brennen und seid gleich den Menschen, die auf ihren Herrn warten, wann er aufbrechen wird von der Hochzeit, damit, wenn er kommt und anklopft, sie ihm sogleich auftun. Selig sind die Knechte, die der Herr, wenn er kommt, wachend findet. Wahrlich, ich sage euch: Er wird sich schürzen und wird sie zu Tisch bitten und kommen und ihnen dienen. Und wenn er kommt in der zweiten oder in der dritten Nachtwache und findet's so: selig sind sie.
Das sollt ihr aber wissen: Wenn ein Hausherr wüsste, zu welcher Stunde der Dieb kommt, so ließe er nicht in sein Haus einbrechen.
Seid auch ihr bereit! Denn der Menschensohn kommt zu einer Stunde, da ihr's nicht meint.

Zwischen den Zeiten.
Zwischen Weihnachten und Neujahr -
zwischen den Jahren
wie wir gerne sagen.

In diesem „zwischen“
hören wir dieses Wort:
„Seid bereit
denn der Menschensohn kommt zu einer Stunde
da ihrs nicht meint.“

Dieses Wort
passt nun gar nicht mit dem heutigen Tag
und dem Abend zusammen.
Denn wir kennen die Stunde
und die meisten von uns bleiben auf
und werden nicht schlafen
bis die Stunde kommt

und bereit sein.

Und viele
warten auf das Vergehen der Stunden
und später der Minuten
und wer Freude daran hat
wartet auf das Vergehen
der letzten Sekunden.

Wir sind bereit
das neue Jahr willkommen zu heißen
gleich ob mit Freude
oder mit Sorge
und viele werden
darauf anstoßen
allein oder in einer Gruppe.
und vielleicht zumindest froh sein
dass das aufgeladene Warten
der letzten Wochen und Tage
sein Ende findet.
Dass die Stunde gekommen ist.

Und in diesem Warten
spielen ganz verschiedene Zeichen
eine mehr oder weniger große Rolle:
Zeichen dieses Tages
und der letzten Stunden.
Zeichen von Silvester.

So das Schwein.
Schweine schenken wir uns
Schweine zieren manche Dekoration dieses Abends.
Schwein haben

das wünschen wir uns für das kommende Jahr.

Schwein haben das bedeutet
Glück zu haben -
aber es meint ja eigentlich mehr:
unverdientes Glück zu haben.
Schwein haben
heißt:
Glück zu haben
wenn man es überhaupt nicht erwartet
und vielleicht gar
nach eigener Einschätzung
auch nicht verdient hat.

Ein wichtiger Gedanke:
wir wünschen uns nicht gegenseitig
und für die Menschen der Welt
dass das Leben
und das Glück darin
gerecht verteilt werden soll -
im Sinne für den
der es verdient hat
und nur für den
sondern, dass wir ganz unverdientermaßen
etwas bekommen und erreichen

Schwein sollst du haben
und davon eine Menge!
Und möglichst eine Jede und ein Jeder!

Ein anderes Zeichen dieses Abends
ist für viele das Bleigießen.
Sie kennen das:

ein Klumpen Blei
oft der aus dem Vorjahr
wird neu eingeschmolzen
und mit einem Ruck
in das abkühlende Wasser
gegossen.
Und mit viel Lust und Phantasie
wird entschlüsselt
welches Geheimnis
des kommenden Jahres
in der entstandenen Figur
versteckt liegen mag.

Auch wenn die meisten nicht wirklich daran glauben:
der Wunsch
etwas vom kommenden Jahr
und dem zu erfahren
was auf einen wartet
ist groß.
Und bemerkenswert ist dabei
dass wir meistens
nach dem auf der Suche sind
was Gutes
Schönes
Gelungenes ist und sein wird.

Da steckt viel Hoffnung drin
gleich wie das abgelaufene Jahr gewesen ist
dass das neue etwas Besseres für einen bereithält.

Tun wir uns auch sonst oftmals schwer
Gutes zu entdecken
und zu benennen -

hier versuchen wir es und strengen alle Phantasie an.
Groß ist der Wunsch
an diesem Abend
dass etwas besser werden wird, als es gewesen ist.

Und noch ein Zeichen:
die Rakete.
Sicher -
wir werden ganz verschiedene Meinungen haben
wie sinnvoll oder wie angenehm oder unangenehm
der Krach einer Rakete ist
oder wie gefährlich sie sein kann
und doch
kann man vielleicht
die Faszination
die sie auf viele Menschen ausübt
ein wenig erahnen
und was sie versucht
auszudrücken:
dieses heulende Aufsteigen -
dann das Zerplatzen in hoher Höhe
und die Überraschung, die sie in sich birgt:
in verschiedene Farben
sich wandelnd
strahlend
funkelnd
bis sie verlischt.
Ein Moment der Schönheit
und des Staunens
ein Moment der Vergänglichkeit.

Zurück bleibt
eine verräucherte Nacht

und ein kalter Morgen.

Zurück bleibt
eine Welt
die wieder ihre Nachrichten für uns bereithalten wird
unbarmherzig wahr.
Nachrichten, die wehtun werden -
von Menschen in Katastrophen
von Menschen auf der Flucht
von Menschen, die zu viel Leid tragen
von Menschen, die Arbeit und Hoffnung verlieren-

Darum ist es gut
sich ein neues
ein besseres Jahr zu wünschen.
Um zu zeigen
dass Hoffnung besteht
auf ein besseres Jahr
für die Menschen unserer Welt -
für unsere Nächsten
und auch
für uns selbst.

Jedes Glück das wir uns wünschen
jedes Schwein
verschenkt -
jeder Bleiguss
der versucht Hoffnung zu entdecken -
eine jede Rakete
entzündet
sollte dieses Ganze
im Blick behalten.

Dass wir seine solche Hoffnung haben dürfen
davon haben uns die biblischen Worte erzählt:
Weil diese Welt mehr erwartet
als immer nur ein neues und
wieder neues Jahr
Sondern dass wir warten
in unseren Jahres- und Lebensläufen
auf die Stunde die da kommt
einzulösen
alle Hoffnung
und alle Sehnsucht
auf ein besseres
auf ein neues Jahr.
Und dafür sei Gott Lob und Preis in Ewigkeit.

Wenn man vom Teufel spricht

Eine Andacht zum Teufel evangelischer Konfession.

Wenn man vom Teufel spricht
ist er nicht weit
heißt ein bekanntes Sprichwort
und Sprichwörter sollen ein wenig diese Gedanken begleiten.

Auch die Bibel spricht von ihm
etwa im 1. Petrusbrief
wo es heißt:
Seid nüchtern und wacht; denn euer Widersacher, der Teufel, geht umher wie ein brüllender
Löwe und sucht, wen er verschlinge.

Der Teufel lebt
das fällt schnell auf
am meisten in Worten
und damit
in unseren Vorstellungen
und Phantasien.

Dafür reicht schon allein
ein Blick ins Fernsehprogramm -
dort läuft er zwar nicht stinkend
qualmend
und mit Pferdefuß herum -
nein viel eher
sehr schick
eloquent, gepflegt
mehr Boss- und Armani- Anzug
als überall behaart

mehr Parfum als Kot
deutlich
ein Kind des Teufelsbildes
das unser Abendland bestimmt
und mit dem Mephistopheles
in Goethes Faust
sein bestes Bild gewonnen hat.

Der Teufel
gesellschaftsfähig
und damit
- und das ist das interessante
an dieser Vorstellung -
und damit mitten unter uns.

Aber warum spricht man vom Teufel
was nennt man ihn
warum ist er im Munde so vieler?

Dabei so ein Sprichwort
sollen wir den Teufel doch nicht an die Wand malen.
Wieder wird gewarnt
und die Frage mag aufgekommen:
warum?
Was ist das bedrohliche am Teufel
oder besser: was ist das bedrohliche
an der Vorstellung vom Teufel?

Dafür ist gut zu überlegen
wo der Teufel zuhause
und damit zu finden ist?
Na in der Hölle
wird als häufigste Antwort kommen

und das wäre gut und schön
weil es die nach evangelischer Vorstellung ja gar nicht gibt
und damit das Problem vom Tisch wäre.
Aber er ist doch in den Vorstellungen so vieler Menschen...

Sprichwörter machen es sich nicht so einfach
da steckt
so bekanntermaßen
da steckt der Teufel im Detail
also wieder mitten unter uns.

Ist der Teufel also gefährlich?
Na ja
auch hier hilft ein Sprichwort
Wenn man dem Teufel den kleinen Finger gibt
so nimmt er die ganze Hand
Das zeigt schon:
spielen mit Vorstellungen ist gefährlich
vor allem wenn man schwach ist
denn:
den letzten holt der Teufel.

Also was ist das bedrohliche
an der Vorstellung vom Teufel?

Wenn ich vom Teufel rede
wenn ich ihn mir vorstelle
mit der Fantasie
der Literatur
der Malerei
oder auch der Kinofilme
ist immer eins im Mittelpunkt, ein Ziel:
Angst -

Angst zu erzeugen und
Angst zu bekommen.
Eine Angst
die lähmt
die Leben zersetzt
die Freude nimmt.

Denn der Teufel ist ein saurer Tropf
ein Spielverderber
egal wie elegant kostümiert:
er stinkt letztlich
und macht alles
um sich herum
kaputt und stinkend
Das ist der brüllende Löwe
der Stelle aus dem 1. Petrusbrief
der alles verschlingt
was nicht wach und nüchtern ist.

Also nicht der Teufel ist gefährlich.
wie sollte er
wo es ihn doch gar nicht gibt
sondern die Vorstellung davon
der Glaube -
ja der Glaube an ihn ist gefährlich.

Darum gilt auch hier die evangelische Botschaft
von der Angstfreiheit.
Wenn wir keine Angst vor Gott haben brauchen
und damit auch keine vor dem Leben
dann auch wirklich keine vor dem Teufel
der nur in meiner Fantasie existiert.

Und das heißt auch, sich zu wehren -
zu wehren gegen die recht modernen Teufel
und ihre Gesichter und Schreckgespenste
die gerne Angst machen
vor der Zukunft
dass alles immer noch schlechter werde
dass es keine Chancen mehr gebe
dass diese Welt
in Natur- und Kriegskatastrophen untergehen werde.

Keine Angst vor solch modernen Teufelsfratzen
die jede Nachricht
würzen mit Hoffnungslosigkeit.

Darum sollte man den Rat Luthers annehmen
der gesagt hat:
Wenn ich aufwache, so kommt der Teufel bald
und diskutiert mit mir
so lang, bis ich sag: Leck mich!
Mit diesem Wort
lasst uns froh im Glauben leben.
Amen.

Alles nur ein Schatten des Zukünftigen

Das alles ist nur ein Schatten des Zukünftigen -
ein Wort aus dem Kolosserbrief.
Das gefällt mir mit diesem Wort anzufangen
weil so deutlich wird
das unser Reden
unser Nachdenken
auch unsere Träume und
unsere Hoffnung etwas Vorläufiges in sich trägt:
es läuft voraus
wie ein Schatten vorausgehen kann, der Person
die noch kommt.
So lade ich euch heute ein
eine der farbenreichsten Visionen des Alten Testaments
zu hören und dem Schatten des Zukünftigen darin, nachzuspüren.

Hesekiel 37,1-14

Des HERRN Hand kam über mich und er führte mich hinaus im Geist des HERRN und stellte mich mitten auf ein weites Feld; das lag voller Totengebeine. Und er führte mich überall hindurch. Und siehe, es lagen sehr viele Gebeine über das Feld hin, und siehe, sie waren ganz verdorrt. Und er sprach zu mir: Du Menschenkind, meinst du wohl, dass diese Gebeine wieder lebendig werden? Und ich sprach: HERR, mein Gott, du weißt es. Und er sprach zu mir: Weissage über diese Gebeine und sprich zu ihnen: Ihr verdorrten Gebeine, höret des HERRN Wort! So spricht Gott der HERR zu diesen Gebeinen: Siehe, ich will Odem in euch bringen, dass ihr wieder lebendig werdet. Ich will euch Sehnen geben und lasse Fleisch über euch wachsen und überziehe euch mit Haut und will euch Odem geben, dass ihr wieder lebendig werdet; und ihr sollt erfahren, dass ich der HERR bin.
Und ich weissagte, wie mir befohlen war. Und siehe, da rauschte es, als ich weissagte, und siehe, es regte sich und die Gebeine rückten zusammen, Gebein zu Gebein. Und ich sah, und siehe, es wuchsen Sehnen und Fleisch darauf und sie wurden mit Haut überzogen; es war aber noch kein Odem in ihnen.

Und er sprach zu mir: Weissage zum Odem; weissage, du Menschenkind, und sprich zum Odem: So spricht Gott der HERR: Odem, komm herzu von den vier Winden und blase diese Getöteten an, dass sie wieder lebendig werden!
Und ich weissagte, wie er mir befohlen hatte. Da kam der Odem in sie und sie wurden wieder lebendig und stellten sich auf ihre Füße, ein überaus großes Heer. Und er sprach zu mir: Du Menschenkind, diese Gebeine sind das ganze Haus Israel. Siehe, jetzt sprechen sie: Unsere Gebeine sind verdorrt und unsere Hoffnung ist verloren und es ist aus mit uns.
Darum weissage und sprich zu ihnen: So spricht Gott der HERR: Siehe, ich will eure Gräber auftun und hole euch, mein Volk, aus euren Gräbern herauf und bringe euch ins Land Israels.
Und ihr sollt erfahren, dass ich der HERR bin, wenn ich eure Gräber öffne und euch, mein Volk, aus euren Gräbern heraufhole. Und ich will meinen Odem in euch geben, dass ihr wieder leben sollt, und will euch in euer Land setzen, und ihr sollt erfahren, dass ich der HERR bin. Ich rede es und tue es auch, spricht der HERR.

DAS ALLES –
ein Schatten des Zukünftigen??
Bilderfluten-
und ich weiß nicht wo ihr hängengeblieben seid
an welchen Worten, welchen Eindrücken...

Eine Vision
der Prophet und sein Gott
und ein Feld voller toter Gebeine
ein Feld der Hoffnungslosigkeit.

Die Mitte dieser Vision ist die Klage der Menschen
die darin aufbewahrt ist:
„Unsere Gebeine sind verdorrt, und unsere Hoffnung ist verloren, und es ist aus mit uns.“
Eigentlich heißt es nicht: es ist aus mit uns
sondern abgeschnitten sind wir:
vom Leben abgeschnitten -

die Toten klagen:
„getrennt sind wir“.

Diese Worte und Bilder sind vertraut:
der Lebensfaden ist abgeschnitten
die Fäden, die zu uns, den Lebenden gereicht haben
verlieren ihre Spannung.
Reißen
hängen beziehungslos herunter
und sind nicht einfach neu verknüpfbar.

Was zerschnitten, was abgeschnitten ist
wächst nicht mehr ohne Wunde zusammen.
Das erfahren wir nicht nur gegenüber dem Tod
sondern auch im Leben:
Zwei Menschen, die sich trennen
oder liebgewordene Vorstellungen
von denen ich mich trenne
immer wieder kommt es zum Abschneiden
zur Scheidung -
und wir müssen einsehen:
man kann Zerschnittenes
Zerschlagenes, Abgerissenes kleben und vernähen
und doch:
es ist nicht mehr das, was es einmal gewesen ist.
Keine Zeit heilt Wunden
sondern lehrt nur mit ihnen zu leben.

Leben das abgeschnitten ist
ist dahin:
„getrennt sind wir vom Leben“
klagen die Toten dieser Vision.
Das eindrücklichste Bild unserer Tradition ist

der Tod als Sensenmann
der schneidet mit einer Bewegung
und Leben ist dahin.

Umso unverständlicher die Frage
Gottes an Hesekiel:
„Werden diese Gebeine wieder lebendig?“
Und ich möchte anstelle des Propheten hineinrufen:
Nein! nochmals NEIN, wirklich NEIN!!!

Und nicht weil ich keine Hoffnung habe
sondern weil ich den schnellen Antworten
den einfachen Lösungen misstraue -
Lösungen, die in unserer Tradition größere oder kleinere Rollen gespielt haben.

Vom Leben abgeschnitten
das heißt eben nicht:
der Körper vergeht (verfault) und die Seele schwindet nach oben
als sei der Tod gar nicht so
und darum erträglich.
Vom Leben abgeschnitten heißt eben nicht
wie ein naturwissenschaftlicher Grundsatz lautet:
Energie geht nicht verloren -
und so geht auch unsere Energie in nur einen anderen Zustand über...
All das sind faule Lösungen
die den Tod nicht ernst nehmen.

Das Bild in der Vision ist eindeutig:
der Tod in seiner ganzen Fülle.
Das große Sterben
so groß, das jedem die Hoffnungslosigkeit bewusst wird.
Solche Bilder
Felder, Orte von Getöteten

sind uns bekannt.
Wir tragen sie als Menschen und Menschheit mit uns.
Opfer ohne Ende…
Werden ihre Gebeine wieder lebendig?
Hesekiel ist klüger als ich:
er sagt nicht „Nein“
er sagt: „Du, Gott, weißt es!“

„So spricht der Herr zu diesen Gebeinen:
Siehe, ich will Odem in euch bringen,
dass ihr wieder lebendig werdet.“
Solche Worte gesprochen über die Felder der Erschlagenen
der Opfer der Zeiten
der ohne Hoffnung und Sinn Getöteten
aber auch gesprochen über die Gräber derjenigen
deren Tod so sinnlos schien
deren Leben nie gelebt worden ist:

Siehe, ich will Odem in euch bringen,
dass ihr wieder lebendig werdet.“

Das ist ein Wort Gottes
so deutlich ein Wort Gottes
weil es gegen meine Erfahrung geht
weil es allen meinen Vorstellungen von dem
was möglich und was unmöglich ist zuwiderläuft.
Kein Mensch hätte dies Wort erfinden können.

Aber wie kann denn aus totem Gebein
vertrockneter Materie neues Leben entstehen?
Meine Frage
vielleicht nicht nur meine, sondern auch eure.
Aber *diese* Frage kennt die Heilige Schrift nicht.

In der Erzählung von der Schöpfung gebraucht sie das Bild
von der Erschaffung des Menschen aus Erde
und auch dort liegt alles im Willen Gottes:
er blies ihm den Odem des Lebens in die Nase!

Der Odem
der Hauch des Lebens.
Nicht der Hauch des Todes ist maßgeblich
sondern der Hauch des Lebens
und in dieser Vision kommt er über alle
darüber möcht ich nicht schnell hinweghören:
die Verheißung gilt allen
keine Leistung
keine Frage danach
wer ist gerecht und wer ungerecht
Gottes Lebenszusage wird hier allen gegeben.

Das denken zu können
ist nicht einfach
Wir stehen gemeinsam vor dieser Frage:
kann es sein, dass Gottes Zukunft allen Menschen gilt
oder nur den Getauften
oder nur den Glaubenden
oder nur den Gerechten?

Wem gilt der Hauch des Lebens?

Und wie in der Prophetie des Hesekiel kamen wir dazu
von der Größe und Gnade Gottes nicht anders reden zu können
als dass sie allen Menschen gilt:

„Siehe ich will euch Odem geben,

dass ihr wieder lebendig werdet.“
Diese Zusage gilt in der Vision des Hesekiel dem Volk Israel
es ist seine Hoffnung
und nach Auschwitz bleibt es wohl das letzte Bild
das dem jüdischen Volk noch Hoffnung geben konnte.

Wie sehr sie uns auch gilt
wurde erst im Tod des Menschen Jesus von Nazareth offenbar.
Die Vision des Hesekiel
wurde als ein Schatten des Zukünftigen
in den einen Menschen offenbar:
„Siehe ich will eure Gräber auftun
und hole euch mein Volk,
aus euren Gräbern herauf.“

So wie die Vision des Hesekiel die Tränen und Träume des Volkes Israel aufnahm und aufnimmt so das Kreuz die Hoffnung aller Menschen.

Das alles ist nur Schatten des Zukünftigen:
Nochmals: alle unsere Bilder
all unser Reden verbleibt im Vorläufigen
haben den Vorbehalt nur Schatten zu sein.
Aber haben wir jemals schon so wunderbare
Schattenbilder gesehen?
Und ist es nicht so
dass der Schatten nur eine schwache Vorausschau dessen ist
was kommt?
Ist also das Schattenbild schon so voll Hoffnung
und Farbe, wo es doch als Schatten grau und schwarz eigentlich ist
wie herrlich wird dann erst die Vollendung sein!
Mit dieser Hoffnung lasst uns in die Zeit der Passion
hineingehen und Ostern erwarten. AMEN.

Von den leeren Netzen

Lukas 5,1-11

Es begab sich aber, als sich die Menge zu ihm drängte, um das Wort Gottes zu hören, da stand er am See Genezareth und sah zwei Boote am Ufer liegen; die Fischer aber waren ausgestiegen und wuschen ihre Netze. Da stieg er in eins der Boote, das Simon gehörte, und bat ihn, ein wenig vom Land wegzufahren. Und er setzte sich und lehrte die Menge vom Boot aus.

Und als er aufgehört hatte zu reden, sprach er zu Simon: Fahre hinaus, wo es tief ist, und werft eure Netze zum Fang aus! Und Simon antwortete und sprach: Meister, wir haben die ganze Nacht gearbeitet und nichts gefangen; aber auf dein Wort will ich die Netze auswerfen. Und als sie das taten, fingen sie eine große Menge Fische, und ihre Netze begannen zu reißen. Und sie winkten ihren Gefährten, die im andern Boot waren, sie sollten kommen und mit ihnen ziehen. Und sie kamen und füllten beide Boote voll, so dass sie fast sanken.

Als das Simon Petrus sah, fiel er Jesus zu Füßen und sprach: Herr, geh weg von mir! Ich bin ein sündiger Mensch. Denn ein Schrecken hatte ihn erfasst und alle, die bei ihm waren, über diesen Fang, den sie miteinander getan hatten, ebenso auch Jakobus und Johannes, die Söhne des Zebedäus, Simons Gefährten.

Und Jesus sprach zu Simon: Fürchte dich nicht! Von nun an wirst du Menschen fangen. Und sie brachten die Boote ans Land und verließen alles und folgten ihm nach.

Der Fischfang des Petrus
ist eine Erzählung
die man immer kennt -

ich sag das mit Absicht so übertrieben
natürlich kennt man sie nicht
aber man glaubt sie zu kennen.

Soviel Vertrautes:

Jesus und Petrus
und andere Jünger
und Fischer
am See Genezareth
und Fischfang
und alles übervoll
und der Satz vom Menschen - Fänger
Bilderfluten -
alles ein wenig bekannt
und vertraut.

Darum heute Morgen die Einladung
alles Bekannte dieser Erzählungen
unter einzelnen
Überschriften dieses Sommers zu betrachten.

Die erste:
Das große Scheitern
Biblische Erzählungen haben oftmals ein Scheitern im Mittelpunkt -
beginnen damit
dass etwas nicht gelungen ist.

Hier der Fischfang der Nacht:
nichts in den Netzen
alles umsonst
kein Verdienst
nichts zum Essen
ein Tag verloren
ohne Sinn und Verstand
Arbeit ohne Erfolg
und ohne Verdienst.

Das ist eine zutiefst existentielle Situation -

Denn: einen Tag keinen Fang
gut
aber zwei
oder drei
oder vier Tage
wie lange schafft man das
ohne Verdienst?!

Aktuelle Fragen:
wie lange überlebt man
ohne den Fang
ohne das Einkommen?
Wie lange geht es
weniger und nichts mehr zu haben
und in dem was mit
dem Füllwort 'Krise' überall benannt wird
zu stehen?

Die Frage des Nichtfangens
das sind die Fragen
die hier versteckt
man möchte sagen verschämt
auftauchen.

Wie lange kann man leben von dem
was man sich erhofft
dass die Zukunft
es einem dann wirklich noch geben wird
später einmal….
oder von dem
was die Vergangenheit für uns hatte
und von dem jetzt gezehrt wird?

Alles Fragen
während wir unsere Netze waschen
und nicht wissen
wie der kommende Tag aussehen mag.
Was bleibt?
Eigentlich nur das Waschen der Netze.

Die zweite Überschrift:
Die große Überraschung
Die Überraschung
die erwartet wird
und darum eigentlich keine mehr ist:

Die Netze sind voll
übervoll wie berichtet wird
so voll
dass sie beginnen zu reißen.

Wie anders
wenn von Jesus die Rede ist?

Alles übervoll
alles gerettet
alles wird gut
die Erzählung verliert jede Dramatik
weil man weiß
das Jesus handelt
ja und dann?
ja und dann…!?

Aber wir wissen auch
dass es dann vorüber ist.

Das Wunder bleibt nicht
der morgige Tag
hat seine eigene Sorge
und seine eigenen Fragen.
Es verändert sich nichts.

Das dürfen wir nicht vergessen.
Kein Wunder verändert die Welt
in ihrem Inneren.
Es zeigt nur auf
worin die Sehnsucht besteht
worin der Traum sich äußert:
der Traum von Fülle
und Erfolg
der Traum von Leichtigkeit
von dem
dass einmal alles wunderbar gelingen mag...

Die dritte Überschrift
ist das eigentlich Überraschende
Die große Angst

Die wirkliche Überraschung ist die Reaktion:
es ist ANGST
nicht Freude
und das kann irritieren
mag manchen unter uns verwundern
mich schon -

Vielleicht glaubten wir ein Wunder sollte Freude machen
Begeisterung doch auslösen
aber nein!
Es erschreckt!

Das Durchbrechen der Normalität
- weil das macht ja das Wunder -
das Vertraute aufzuheben
dieses Durchbrechen
des Bekannten und Normalen
ist unangenehm zu erleben.

Nehmen wir das ernst!
Das Wunder ist ein Machtzeichen:
die Macht deutlich zu machen
wie es um die Welt und den Menschen steht.
Und Simon Petrus sagt es zu Jesus:
sündig -
ich bin ein sündiger Mensch
und es geht eben nicht um moralische Kategorien
im Sinne von: was hab ich falsch gemacht
sondern um
das Leben an sich
verloren
ganz und gar.
sündig
heißt sterblich
verfallen
das ist die andere Seite des Lebens
das sich manchmal gerne in aller Schönheit zeigen kann
und im nächsten Moment
von seiner unbarmherzigsten Seite.

Sündig heißt
un-vollkommen
un-fertig
un-heil

Sündig heißt auf der anderen Seite darum
auf der Suche zu sein
nach
Heilwerden
nach Frieden
ganz und gar.

Fürchte dich nicht
ist darum die Antwort Jesu
Fürchte dich nicht und sein weiteres
Wort mündet…

in einer vierten Überschrift
Die große Provokation
Biblische Geschichten provozieren
das meint
sie irritieren
verärgern manchmal sogar
lösen Unverständnis aus
und in dieser ganz besonders:

Es geht um den **Fang**
und darin nicht um die Fische
es geht um die Menschen

Jesus sagt zu Simon
den wir als Petrus kennen
und nimmt dieser ganzen Wundergeschichte mit
einem Mal die Spitze -
und sagt:
Von nun an wirst du Menschen fangen.

‚Menschen fangen' -

was für ein Wort
und bei uns löst es doch Bilder aus
die nicht unbedingt gleich Zustimmung bringen
die Unwohlsein
Erinnerungen auslösen
Gefahren aufzeigen.

Menschen fangen
wie der *Rattenfänger*
hinter dem alle einfach herlaufen
einer der Menschen fängt
der ist suspekt
verdächtig.

Und es sind zwei Bilder
die bleiben im Fang:
die Netze sind leer
oder die Netzte sind übervoll
dass sie reißen…

Und an welches wollen wir anknüpfen
und was heißt das
für die vielen Nachfolger dieses Petrus
zu dem Jesus diese Worte spricht…

Und ich meine nicht den einen
der in Rom sitzt
sondern gut evangelisch
was heißt das für alle
die ein Hirtenamt ausüben
die Leitung und Verantwortung
für ihre Kirchen tragen
geistlich und weltlich.

Was heißt das für eine evangelische Kirche
in Österreich
und was heißt das für ein Christentum
nicht nur bei uns sondern in ganz Europa
und darüber hinaus?

Sollen wir Menschen fangen?
Und wer wird denn gefangen
und soll gefangen werden
etwa
diejenigen die nicht getauft sind
und vielleicht einer anderen Religion angehören?
Das kann es doch nicht sein oder?

Oder diejenigen
die ausgetreten sind
sich abgewendet haben
oder diejenigen
weit entfernt ihrer Kirchen
und doch bereit über Kirchenbeitrag
ihre Mitgliedschaft zu äußern?

Wer wird denn gefangen
wie in einem Netz?

So kommt es zur letzten Überschrift
der große Fang
mit der Frage:
geht es um den wirklich?
Geht es um den Erfolg?

Ich denke nicht
es geht nicht um den großen Fang

es sind die leeren Netze
die wirklich im Mittelpunkt stehen
und stehen bleiben

Jesus führte ja damals schon nicht die Menschen
die dann eben alles verließen
um ihn nachzufolgen
wie Simon Petrus -
diese Menschen führte er ja damals schon nicht
in eine Traum- und Wunderwelt
schon damals wurde die Erde nicht zum Himmel!

Sondern er ging mit ihnen die leeren Netze
zu waschen
er ging mit ihnen
in eine Welt
in der sich täglich Arbeit und Brot
als gefährdet zeigte
und niemals als selbstverständlich.

Er ging mit ihnen in eine Welt
in der die Menschen
um Sinn kämpften
um Kraft zu finden
dies Leben weiter zu leben.

Er ging mit ihnen in eine Welt
die sich oftmals als erschreckend erwies
wenn sie ihr anderes Gesicht zeigte
ohne Sonne
sondern mit Sturm und Überflutung
mit Hunger und mit Krise
mit Angst und Not.

Er ging mit ihnen in eine Welt
die tödlich war
und geblieben ist.

Aber er ging mit ihnen in diese Welt
und zeigte im großen Fang
dass Leben Sinn macht
dass man sein Glück finden
dass man Gerechtigkeit suchen kann
Schmerzen lindern
Freude schenken.

Er ging mit ihnen in eine Welt
in der es sich weiter lohnte
die Netze auszuwerfen
auch in schweren Zeiten
auch in Zeiten
in denen alles Krise zu blieben schien.

Er ging mit ihnen in eine Welt
die sich sehnte danach
verändert zu werden
und er blieb bei uns bis zum heutigen Tage
um an die Möglichkeit des großen Fangs
als Hoffnung für alle Menschen dieser Welt
zu erinnern
wie er versprochen und gesagt hat:
ich bleibe bei euch alle Tage bin an der Welt Ende
und dafür sei Gott Lob und Preis in Ewigkeit.

Alles verloren?

Jesaja 5,1-7

Wohlan, ich will meinem lieben Freunde singen, ein Lied von meinem Freund und seinem Weinberg. Mein Freund hatte einen Weinberg auf einer fetten Höhe. Und er grub ihn um und entsteinte ihn und pflanzte darin edle Reben. Er baute auch einen Turm darin und grub eine Kelter und wartete darauf, dass er gute Trauben brächte; aber er brachte schlechte.
Nun richtet, ihr Bürger zu Jerusalem und ihr Männer Judas, zwischen mir und meinem Weinberg! Was sollte man noch mehr tun an meinem Weinberg, das ich nicht getan habe an ihm? Warum hat er denn schlechte Trauben gebracht, während ich darauf wartete, dass er gute brächte? Wohlan, ich will euch zeigen, was ich mit meinem Weinberg tun will! Sein Zaun soll weggenommen werden, dass er verwüstet werde, und seine Mauer soll eingerissen werden, dass er zertreten werde. Ich will ihn wüst liegen lassen, dass er nicht beschnitten noch gehackt werde, sondern Disteln und Dornen darauf wachsen, und will den Wolken gebieten, dass sie nicht darauf regnen.
Des HERRN Zebaoth Weinberg aber ist das Haus Israel und die Männer Judas seine Pflanzung, an der sein Herz hing. Er wartete auf Rechtsspruch, siehe, da war Rechtsbruch, auf Gerechtigkeit, siehe, da war Geschrei über Schlechtigkeit.

Haben Sie das gehört?
Hören Sie das?

Diese ungeheuerliche Enttäuschung
diese Wut
diese Verzweiflung
Das ist…
ja fast schwer Vergleiche zu finden
für solch geballte Emotion.

Das ist als

wenn man etwas
vom Tisch fegt, was verloren
und verdorben ist

Das ist wie ein Legohaus als Kind gebaut
stundenlang
dann passt am Schluss nichts mehr
und mit einem Wutanfall
zerstört man alles was aufgebaut…

Von Jetzt auf Gleich
ein Schlag
völliger Zorn
pur
ungehalten.

Tiefe Enttäuschung
und resignative Wut
und das Wissen:
alles ist zerstörbar
in dem Moment
wo das Ergebnis nicht mehr das Erwünschte ist.
Wo die Entscheidung fällt:
alles oder nichts!
Wo die Entscheidung fällt
keine Kompromisse mehr
nichts Halbes
kein Schöngerede
…
Dieses Zertreten und Verwüsten
dessen was gebaut
und gepflegt wurde
das ist schmerzhaft

tut weh-

Weil so viel Liebe dahinter spürbar wird
soviel Liebe
soviel Sorge
Nähe
und jetzt der zornige ungestüme Wunsch:
Kein Weinberg mehr
Nein!

Wüste
alles zertreten, Dornen Trockenheit
Vernichtung

Das hier ist
eine Erzählung von
ja letztlich von Erfolg und Misserfolg.

Es wird die Mühe
des Aufbaus
und die Sorgfalt der Pflege beschrieben
und die Erwartung
reicher Frucht und Ernte
und all der Schönheit
die damit verbunden ist
und dann…

Es ist eine Erzählung von Erfolg und Misserfolg
und unserer Erfahrung nach
gar nicht so überraschend.

Solche Emotionen sind uns doch gut bekannt:
Lebens- und erfahrungsreich

müsste nur eine jede
und ein jeder von uns
in sich horchen:
Wie viel haben wir gebaut
gepflanzt
wie viel umsorgt
bemüht
wie viel eigenes Lebensblut
anderem gegeben und geliehen…

und dann:
Wie viel Weinberge hat es in unserem Leben gegeben
die nichts getragen haben
oder zu wenig
oder nicht schmackhaft?

Wo wir enttäuscht wurden
von anderen Menschen
auch denen die uns nahe sind
und auch
enttäuscht von uns selbst?

Und haben wir immer alles vernichtet?

Es ist eine bittere Erzählung von der Enttäuschung
und würde es nicht in der Bibel stehen
könnte man meinen:
eigentlich allzu bekannt.

Ganz ehrlich
Versagen, Enttäuschung, Wut, Trauer
das ist doch vertraut
sind doch auch Begleiterinnen unseres Alltages.

Als eine Erzählung von Menschen über Menschen
könnten wir rasch zur Tagesordnung übergehen.
Wie so vieles könnten wir sagen:
Ärgerlich, aber so ist das Leben
oder so ist der Mensch
oder so ... oder so...
oder so ähnlich...

Nur an dieser Stelle ist es anders
nicht nur aus der Bibel genommen
nicht nur aus dem Munde des Propheten Jesaja
sondern mit einem unglaublichen Gewicht versehen:

Es ist die Erzählung von der Enttäuschung Gottes
über sein Volk...
- Nur nebenbei...vielleicht kennen sie diesen
Vorwurf an unseren Glauben:
unser Gottesbild sei so anthropomorph
so sehr „vermenschlicht"-

Ja hier wird er so beschrieben
ganz einseitig
völlig ungeschützt.
Jesaja erzählt von einem Gott
den wir verstehen sollen
und darum wird er menschlich
in seinen Emotionen beschrieben.

Darum wird von seiner Liebe erzählt
zu seinem Volk
zu den Menschen
und von dieser ungeheuren Enttäuschung

Gott wird menschlich beschrieben
damit wir das Leid und die Enttäuschung
tief nachempfinden können -
Gott hatte gefordert
Recht, Gerechtigkeit aufzurichten:
Und nun wird die Chance auf eine gerechte Welt
im Worte des Propheten
als eine verlorene verstanden.

Das Experiment Weinberg ist gescheitert
Und nicht gescheitert
wegen irgendwelcher Fehleinschätzungen
oder moralischer Irrtümer
von denen wir uns heute ganz leicht suspendieren könnten
in der Weise von:
… eine andere Welt…
… eine völlig andere Zeit …
… und was uns alles einfiele …
nein!
Es ist die Ungerechtigkeit:
Gott wartete auf Recht
und Rechtsbruch kam!
Der Mensch war gerufen zur Gerechtigkeit
und Schlechtigkeit war die Folge.

Nein, die Welt Jesajas
und unsere Welt sind nicht
so weit voneinander geschieden
wie wir es uns jetzt vielleicht wünschen würden.

Und damit sind wir direkt
in gleicher Weise in unsere Zeit hinein befragt:
Welche Weinberge sind unter uns verdorrt?

Und auf unserer Welt
und wer trägt die Verantwortung
für das was passiert?
Der Einzelne
die Gesellschaft
der Staat
Staatengemeinschaften?

Verbunden damit die Fragen:
Gibt es überhaupt Recht und Gerechtigkeit?

Haben die Menschen ein Einkommen
und ein Auskommen
ein Leben und eine Zukunft
eine Hoffnung und eine Freude
ein Zuhause und ein Kommen und Bleiben
das menschwürdig ist?

Es ist diese Schlüsselfrage im Prophetenwort
eine Frage die einmal laut geworden
weh tut
wirklich weh tut
„Warum hat der Mensch denn schlechte Trauben gebracht,
während ich darauf wartete dass er gute brächte“?

Hört ihr das
das ist schmerzhaft
ganz persönlich
aber auch als Gemeinschaft
hier und in diesem Land
und in unserem Europa
und auf dieser Erde.

„Warum hat der Mensch denn schlechte Trauben gebracht,
während ich darauf wartete dass er gute brächte“?

Und Paulus findet einige Jahrhunderte später
genauso schmerzhaft die Antwort darauf:
Wollen hab ich wohl, sagt er im Römerbrief
aber das Gute vollbringen kann ich nicht.
Denn das Gute, das ich will, das tue ich nicht,
sondern das Böse, das ich nicht will, das tue ich.

Und nicht so viel anders wird es Immanuel Kant
für die Moderne verstehen
und formulieren
wenn er vom radikal Bösen des Menschen spricht -
dieser anthropologischen Konstante
dieses „uns bestimmende“
das verhindert
dass der Mensch einfach richtig und gut
gemäß seiner Vernunft handelt.
Also: Wider besseren Wissens...

Gott wartete auf Gerechtigkeit,
siehe da war Geschrei über Schlechtigkeit
heißt es bei Jesaja

Glaube und Vernunft treten gerade in dieser Frage
nicht auseinander
und schon gar nicht gegeneinander an.

Sie beschreiben es nur völlig verschieden
und suchen von ihren Voraussetzungen her ihre Lösungen
anders zu verankern.

Der Mensch scheitert in seinem Willen Gutes zu tun
wenn er sich selbst völlig allein überlassen bleibt.

Natürlich die Bibel kennt den Menschen als scheiternd
und nicht zum ersten Mal.
Es beginnt schon
beim Sündenfall des Paradieses:
will der Mensch wirklich Böses
oder will er das Richtige
indem er Verbote bricht?

Alles ethische Handeln wird mit dem Schritt zum Baum
und dem Griff zum Apfel
grundsätzlich thematisiert.

Nicht anders weiter das Scheitern der Menschen in der Wüste
auf dem Weg mit Mose ins gelobte Land
und der Frage in ihren Herzen:
nicht doch besser zurück in die Tyrannei
als in eine hungernde Freiheit?

Oder später in neutestamentlicher Zeit:
Wie ist das Versagen der Jünger zu verstehen
oder die Verleugnung des Petrus
Scheitern und Enttäuschungen
ohne Zahl.

Das sind Grundlinien aller Erzählungen
und wirklich nicht weil sie schöner wären zu erzählen
in dieser Weise
sondern weil sie so zutiefst vom Menschen handeln.
Und wie wollte man von ihm erzählen
ohne sein Scheitern zu verstehen zu suchen.

Was ist also die Lösung?

Ausrotten

Niederreißen

veröden lassen

einstampfen

alles den Boden gleich machen?

Disteln Dornen Trockenheit?

Wirklich?

Ein Ende?

Und wer gäbe auf:

Gott oder Mensch… ?

Die Geschichte endet nicht mit diesem Gerichtswort

des Propheten Jesaja.

Es mahnt

und es mahnt schmerzhaft

und es mahnt auch in diese Zeit hinein

in unser Handeln

in unsere Verantwortungen

mit der Frage

wo Gerechtigkeit ist

und wie viel uns Gerechtigkeit wert ist

wie viel Rechtsbruch wir bereit sind zu akzeptieren

was der Weinberg

als Lebensraum

uns bedeutet.

Die Geschichte endet nicht mit diesem Gerichtswort

das ist gut zu wissen

aber es bleibt hörbar

mahnend

fragend
um uns werbend
diesen Weinberg zu retten.
Als Christen sind wir zwar befreit
von der Anklage
und gerettet davor
dass der Weinberg gerodet werde
aber wir sind nicht frei von der Verantwortung.

Die vergangen Sonntag begonnene
Passionszeit
weist uns auf das Leid hin
aber nicht als Schicksal
sondern als ständige Aufgabe und Herausforderung
es zu tragen
und ihm zu wehren
wo es durch uns verursacht ist.

Der Weinberg wird bepflanzt werden
jeden Tag neu
und er wird Frucht tragen
gute und schlechte.
Und wir sind gefordert
das Leben darin zu bejahen
zu schützen
und für Gerechtigkeit mit Sorge zu tragen.
Und dass wir alle dazu gerufen sind, dafür sei Gott Lob und Preis in Ewigkeit.

Verlassen und doch vollbracht?

Am Ende der Passionserzählung
nach Johannes
am Ende des bekannten Ablaufes
von Verrat
von Verhaftung
von Folterung
von Kreuzigung
von Verhöhnung und Erniedrigung
am Ende
da heißt es (Johannes 19,28-30):

Danach, als Jesus wusste, dass schon alles
vollbracht war, spricht er, damit die Schrift
erfüllt würde: Mich dürstet.
Da stand ein Gefäß voll Essig. Sie aber
füllten einen Schwamm mit Essig und steckten
ihn auf ein Ysoprohr und hielten es ihm an den
Mund.
Als nun Jesus den Essig genommen hatte,
sprach er: Es ist vollbracht! und neigte das Haupt
und verschied.

Es ist vollbracht
Letzte Worte
bleibend…….
nichts wird so gerne überliefert
wie letzte Worte -
ob von Sängerinnen
Schriftstellern
Wissenschaftlerinnen, Politikern

und eben auch von Jesus -
als hätten solche Worte mehr Bedeutung
ein eigenes Gewicht.
Als käme ihnen eine tiefere Wahrheit zu
wie sonst keinem anderen Wort.
Als schlössen sie das Leben mit einem besonderen Sinn ab…

Es ist vollbracht
das letzte Wort
das der Evangelist Johannes
von Jesus überliefert
finde ich überraschend -
wie die ganze Johannespassion
mich immer wieder zu überraschen vermag
….
Das ist die Stimmung
das ist diese unglaubliche
so selbstverständlich scheinende Ruhe in den Worten
dieses Gemessene im Erzählten
dieses Unausweichliche
das in dem Ganzen liegt
dieses Widerstandslose
dieses Hindrängen auf das Ende
ohne dem etwas entgegen setzen zu wollen.
Als sei alles gut und richtig.
So und nicht anders!

So ganz anders als die Bilder
die sich sonst uns aufdrängen
und aufgedrängt werden.
Denkt nur an die Flut von filmischen Umsetzungen
des Leidens Jesu -
die nächste Woche wird voll davon sein -

die Dramatik die dort zu finden ist
die Darstellung von Gewalt
Brutalität:
Jesus geschunden und gemartert
das Blut das ihm hinunterläuft
manchmal ein Wettstreit der noch realistischeren Darstellungen
und natürlich könnte man sich
auf die eine oder andere
Darstellung der Evangelien selbst berufen.
Aber nicht Johannes
dort heißt es:
Es ist vollbracht

Und ich weiß nicht wie es euch ergeht
aber wenn ich an Worte vom Kreuz denke
hab ich ein anderes im Ohr
nämlich das Wort aus dem 22. Psalm
der andere Schrei Jesu am Kreuz
bei Matthäus ihm in den Mund gelegt:
„Mein Gott mein Gott warum hast du mich verlassen?“

Ist das nicht stärker in unserem Bewusstsein:
diese Verzweiflung
die mit der Matthäuspassion überliefert ist?
Und ist diese Emotion nicht auch verständlicher
und daher uns näher?

Was kann denn ein letztes Wort ein anderes sein
als der Schrei des „Verlassen-seins“?

<u>Verlassen</u> und <u>Vollbringen</u>
unglaublich!
Überlegt einmal welch ungeheure Spannung

in diesen beiden
und zwischen diesen beiden Worten liegt:

Mein Gott, mein Gott warum hast du mich verlassen?
und
Es ist vollbracht....

Eine schier unerträgliche Spannung
eine Zerrreißprobe
es ist
als wäre unser ganzes Leben zwischen diesen Worte auf-
und eingespannt -
diese Klage gegen das Leben selbst:
„ WARUM?"
und wie der letzte Atemzug
das letzte Aushauchen:
VOLLBRACHT

Erst in dieser Spannung wird eins deutlich
das so wichtig ist:
Dieses *Vollbracht*
ist das Ende eines langen, langen Weges -
ist erkämpft
erlebt
nicht geschenkt.
Jesus, den wir als Christus bezeugen
hat diesen Satz mit seinem Leben erkauft
nicht mehr und nicht weniger.

Und doch würde uns nicht gleich
dieser Satz auf den Lippen sein
... vollbracht

Ich denke in vielem
liegt uns die Verzweiflung
des Verlassen Seins so viel näher.
Denn da sind nun unsere Erfahrungen
mit dieser Welt beschlossen.
Endlich einmal das ganze Unverständnis
rauszuschreien:

Warum?
Ja wirklich warum?
Überlegt
so viel warum
ganz nah an meinem Herzen
diese Frage warum
mit Blick auf diese Welt:
denkt nur an die Bilder
aus Japan
oder aus Libyen
so viel warum
so sehr verlassen
warum hast du mich verlassen?
hört ihr dies
das ist das
was wehtut
dies verlassen sein
und wir kennen es!

Wie oft wurden wir verlassen?
eine Zeitlang
endgültig
für immer…
von einem Elternteil
von einem Liebespartner

auch von manchem Traum
und großer Hoffnung.

Verlassen
weil es nicht anders ging
verlassen
weil jemand weglief
verlassen
weil das Leben abbrach.

Soviel Verlassenheit…

Warum hast du mich verlassen?
diese Frage
trägt die Antwort eigentlich in sich:
Es kann keinen Grund dafür geben
nein
wirklich nicht
wenn jemand geht
und die Frage kommt:
Warum hast du mich verlassen? -
dann gibt es keine Antwort mehr
für einen selbst.

Und wenn der Tod
mir das Liebste nimmt
dann auch nicht mehr.
‚Warum hast du mich verlassen'
ist der Schrei:
ich bin allein
wohl endgültig…….
und niemand der da hilft…

Unser ganzes Lebensgefüge
ist eine Flut von Verlassen und Verlassen-werden
ein Abbruch
in jeder Sicherheit
und Fragenketten
die mit WARUM beginnen
und nicht enden
und die Welt bleibt uns
jede Antwort scheinbar schuldig.

Verlassen in dieser Welt
von allem
was hätte Tragen sollen
und Sicherheit geben.
Und genau in eine solche Welt
hinein
die ihre Warums
nicht mehr zu fassen vermag
sagt Jesus am Kreuz:
Es ist vollbracht.

Das ist die Spannung von der ich sprach.
Was liegt in dieser Spanne
zwischen Verlassen sein
und dem ‚Es ist vollbracht'?

Doch nicht Resignation
doch nicht Gleichgültigkeit
das kann es doch nicht sein -
also ‚Es ist vollbracht'
wie:
endlich vorbei
endlich aus

endlich nimmt das blinde Wüten
der Sinnlosigkeit ein Ende
nein DAS kann es doch nicht sein!

Da ist mehr
viel mehr…

Und wollte man den Weg gehen
vom Schrei nach Verlassenheit
zu der Gewissheit
dass es vollbracht ist
dann gibt es nur eine Brücke dazwischen
eine einzige, nur eine Chance:
die des Vertrauens.

Hier beginnt das Wagnis
hier beginnt die Frage
ob unsere Welt am Karfreitag endet
und auch meine Welt endet
und mein Denken
und meine Hoffnung
und mein Glaube
oder ob ich einen Ostermorgen kenne:

Der Weg vom Verlassen-sein
zu der Gewissheit, dass es Sinn hat
auf dieser Welt zu leben
wird auf Vertrauen gebaut.

Ein Vertrauen
das Gewissheit bildet:
Diese Gewissheit
in der Verzweiflung

diese Gewissheit
in der völligen Verlassenheit
und dennoch
und trotz-dem…..

Es ist vollbracht
der Tod
ist vollbrachtes Leben
Die große Umkehrung
aller Gefühle und allen Denkens.

Der Tod vollbringt etwas
er beendet nicht
sondern eröffnet.
Natürlich die große Krise liegt
in diesem Moment
mein Gott verlässt du mich…?
Oder ist es vollbracht
weil du mich erwartest…?
Ich werde es nie wissen…

Ganz kurz steht alles nochmal auf dem Spiel
alle WARUM Fragen drängen sich
wie mit einem Schlag auf.
Die Fragen aller Fragen stellen sich.
Der Sänger Eric Clapton hat es nach dem Tod
seines Sohnes auf den Punkt gebracht:

Wirst du meinen Namen kennen
und wird es das gleiche sein
wenn wir uns wiedersehen im Himmel
Wirst du meine Hand halten
mir helfen zu stehen

wenn..........
das sind die Fragen.

Mit der Passionszeit
und der kommenden Karwoche
sind alle Warum Fragen dieser Welt gestellt
und das Tiefste was wir haben
ist gefordert
VERTRAUEN

Und kurz scheint die Welt und der Himmel zu wanken
kurz herrscht Stille
bis der Morgen des dritten Tages
anbrechen wird
bis wir wissen
dass in Jesus Christus Gott einen Anfang
und kein Ende setzte
bis das ‚Warum' vom Lied des Vertrauens
übertönt wird.
Und dass wir den Ostermorgen erwarten dürfen
dafür sei Gott Lob und Preis in Ewigkeit.

Vom Gestank des Todes und dem Duft des Lebens

Johannes 11,1-44 (in Auswahl)

Es lag aber einer krank, Lazarus aus Betanien, dem Dorf Marias und ihrer Schwester Marta. Deren Bruder Lazarus war krank. Da sandten die Schwestern zu Jesus und ließen ihm sagen: Herr, siehe, der, den du lieb hast, liegt krank.
Als Jesus kam, fand er Lazarus schon vier Tage im Grabe liegen.
Als Marta nun hörte, dass Jesus kommt, geht sie ihm entgegen; Maria aber blieb daheim sitzen. Da sprach Marta zu Jesus: Herr, wärst du hier gewesen, mein Bruder wäre nicht gestorben.
Jesus spricht zu ihr: Dein Bruder wird auferstehen. Marta spricht zu ihm: Ich weiß wohl, dass er auferstehen wird – bei der Auferstehung am Jüngsten Tage. Jesus spricht zu ihr: Ich bin die Auferstehung und das Leben. Wer an mich glaubt, der wird leben, auch wenn er stirbt; und wer da lebt und glaubt an mich, der wird nimmermehr sterben. Glaubst du das? Sie spricht zu ihm: Ja, Herr, ich glaube, dass du der Christus bist, der Sohn Gottes, der in die Welt gekommen ist.
Als nun Maria dahin kam, wo Jesus war, und sah ihn, fiel sie ihm zu Füßen und sprach zu ihm: Herr, wärst du hier gewesen, mein Bruder wäre nicht gestorben.
Es war aber eine Höhle und ein Stein lag davor. Jesus sprach: Hebt den Stein weg! Spricht zu ihm Marta, die Schwester des Verstorbenen: Herr, er stinkt schon; denn er liegt seit vier Tagen. Jesus spricht zu ihr: Habe ich dir nicht gesagt: Wenn du glaubst, wirst du die Herrlichkeit Gottes sehen? Da hoben sie den Stein weg.
Jesus aber hob seine Augen auf rief mit lauter Stimme: Lazarus, komm heraus! Und der Verstorbene kam heraus, gebunden mit Grabtüchern an Füßen und Händen, und sein Gesicht war verhüllt mit einem Schweißtuch. Jesus spricht zu ihnen: Löst die Binden und lasst ihn gehen!

Vom Gestank des Todes und dem Duft des Lebens

Das Leben stinkt mir
den Satz kennt ihr…

oder?
Und die Erfahrung die hinter diesem Satz
Das Leben stinkt mir- steht
kann ganz verschieden sein
gleich was uns in den Sinn kommt:
Etwa
Verpflichtungen, die auf einen lasten
Arbeit, die in Unmaßen wartet
der Ärger mit Behörden
mit Kollegen
oder ganz Anderes:
Stress in der Familie
Streit mit dem Partner, der Partnerin -

oder mit der Zeit
der Verfall des eigenen Körpers
Krankheit
und so Vieles mehr…

Das Leben stinkt mir
Alles stinkt mir
nichts scheint zu gelingen
wie ich es mir vorstelle:
Nase voll
angefressen
oder frustriert
ärgerlich
unmotiviert
müde
das stinkt mir alles
ekelhaft.

So ist es halt

wenn irgendwas falsch und verloren scheint
dann beginnt es zu stinken…
dann stinkt es so erbärmlich
nach Fäulnis
und Verlorenheit.

Denn stinken heißt ja:
es ist verdorben
völlig unbrauchbar
nicht mehr voll des Lebens.

Alles andere duftet
oder riecht höchsten falls merkwürdig.
Stinkt es aber
so hat es mit dem Tod selbst zu tun.

‚Herr er stinkt schon'
das ist das
was Marta zu Jesus sagt-
‚er stinkt schon'
das ist wie ein Beweis.
Sie will sagen:
er - ihr Bruder Lazarus ist tot
aber er ist mehr noch -
als wenn es eine Steigerung von tot gäbe
dann wäre Lazarus ‚töter' als tot
stinkend tot
natürlich unsinnig.

Aber eins stimmt daran:
Der Tod stinkt
so wie früher die Vorstellung war
dass der Teufel aus der Kloake

also hochdeutsch gesagt
dem Kanal
der Toilette entsteigt
und eben alles
im wortwörtlichen
‚Scheiße'. wird.

So ist es eigentlich nicht das Leben
was mir stinkt…
Leben kann so wundervoll sein
so schön
so reich an vielem.
Leben kann strahlend sein
und warm!

Nein nicht das Leben stinkt mir
sondern dort
wo Leben verloren geht
wo der Gestank des Todes sich verbreitet
wo Freude und Lust ein Ende finden
und Gefühle des Verlorenen sich breit machen.

Dort
ja dort stinkt es mir
und zwar ordentlich.

Und unsere kleine Episode aus der Bibel erzählt davon
was Ostern heißt:
Schluss damit
dass das Leben mir stinkt.
Gewinne das Leben
nimm es dir
hol es dir

entreiße es dem Gestank
entreiße es der Fäulnis!

Und Jesus ruft Lazarus aus dem Tod.
„Komm heraus"!

Eine un-glaubliche Geschichte?
und erwartet von mir jetzt
weder Bibelfrömmigkeit
noch kritisch exegetische Distanz.

Es ist einfach unglaublich!
Was denn sonst
schon damals für die Menschen
und so für uns heute.

Und ich will es gar nicht verstehen
'wie kann das geschehen sein
und was ist möglich' -
überhaupt nicht.
Ich will leben und so etwas nicht durchschauen.

Aber hoffen will ich drauf
hoffen, dass der Gestank des Todes
der Leben zersetzt aufhört
und der Duft beginnt
nicht nur von Schokoladenhasen
nein vom Leben in seiner Fülle
ganz und gar
und mich zu betören beginnt.

Und dass ich dies hoffen darf
dafür sei Gott Lob und Preis in Ewigkeit.

Das Verlorene bleibt nicht verloren

Johannes 21, 15-19

Als sie nun das Mahl gehalten hatten, spricht Jesus zu Simon Petrus: Simon, Sohn des Johannes, hast du mich lieber, als mich diese haben? Er spricht zu ihm: Ja, Herr, du weißt, dass ich dich lieb habe. Spricht Jesus zu ihm: Weide meine Lämmer!
Spricht er zum zweiten Mal zu ihm: Simon, Sohn des Johannes, hast du mich lieb? Er spricht zu ihm: Ja, Herr, du weißt, dass ich dich lieb habe. Spricht Jesus zu ihm: Weide meine Schafe!
Spricht er zum dritten Mal zu ihm: Simon, Sohn des Johannes, hast du mich lieb? Petrus wurde traurig, weil er zum dritten Mal zu ihm sagte: Hast du mich lieb?, und sprach zu ihm: Herr, du weißt alle Dinge, du weißt, dass ich dich lieb habe. Spricht Jesus zu ihm: Weide meine Schafe!

Zwei Seiten
zwei Seiten sind wir von Ostern entfernt
nicht mehr
nicht weniger.

Das ist das besondere
wenn man die Bibel aufschlägt
und unsere biblischen Worte von heute sucht
und man sieht
gerade ist da noch die Erzählung von Karfreitag
und die Erzählung vom Sterben des Menschen
ja und dann….
zweimal umblättern…

Ich denke damit hat Ostern als aller erstes zu tun
weiter zu lesen
nicht aufzugeben

nicht aufzuhören.

Eine Möglichkeit sich zu verständigen
was Christinnen und Christen
auf der ganzen Erde machen:
sie lesen weiter
nicht der Tod ist das Finale
sondern das was darauf folgt.

Die Bibel am Karfreitag zu beenden
und sie nur bis dahin ernst zu nehmen
hieße mittendrin abzubrechen

Und darum geht es m.E. -
nicht zu denken
alles was von Jesus zu Lebzeiten erzählt wurde
das akzeptiere ich
das sagt mir etwas -
die Geschichten und Erzählungen kann ich annehmen
weil so menschlich bekannt und vertraut…

aber <u>das</u> nicht
Ostern nicht
das ist mir zu unverständlich
zu phantastisch...

Aber die Geschichte erzählt sich zu Ende, sie hörte nicht auf beim Kreuz
Zwei Seiten ist unsere Erzählung heute entfernt
und doch sind die Unterschiede so groß
ist so viel geschehen
dass man meinen könnte
unzählige Bücher und Jahre sind vergangen.

Wir selbst stehen zwei Wochen nach dem Ostersonntag mitten in der Osterzeit
und je nach persönlicher Sicht
vermutlich eher *nach* Ostern
Von der Osterfeier sind wir längst wieder im Alltag gelandet.

Vor 2000 Jahren denke ich
war das anders
ganz anders:

eine Zeit
sehr bewegt
viele Fragen
viele Unsicherheiten
‚was nun?'
‚was geschieht mit der Botschaft von der Auferstehung?'
‚wer glaubt ihr überhaupt?'

Die Evangelien berichten in der Folge
von Begegnungen des Auferstandenen
genau in diesem Zeit
in der wir stehen
zwischen Ostersonntag und Himmelfahrt
und sie erzählen nicht umsonst
denn deutlich steht alles schon wieder auf dem Spiel.

Weltbewegendes kann geschehen
und nichts bewegt sich
das ist uns nicht unbekannt
und doch überraschend.

Denn:
Mehr Zweifel
mehr Fragen

mehr Unsicherheit
als in den Tagen nach Ostern damals entstanden sind
können wir mit unserem aufgeklärten Geist
und allem grundsätzlichen Zweifel
gar nicht an diese Erzählungen herantragen.

Wir sollten niemals meinen
als sei damals alles so einfach und eindeutig gewesen!
Jeder Glaube
gleich in welcher Zeit
will geschenkt und gleichzeitig erobert sein.

Darum also diese Erzählungen
vom Auferstandenen
eine eigene Atmosphäre
eine eigene Wirklichkeit.

Biblische Erzählungen
laden zum Staunen ein
und wollen uns berühren.

Sie erklären uns nichts
wirklich gar nichts
niemals dafür geschrieben!
Aber zum Staunen verführen
und uns berühren
das wollen sie -
und berührend ist es wirklich:
da sind Jesus und Petrus nebeneinander
Freunde
eigentlich getrennt durch den Tod
und doch verbunden durch das neue Leben -

schon getrennt gewesen durch das Kreuz
folgt nun ein neuer Abschied
sehr intim
und es kommt zu dieser
dreimaligen Frage Jesu:
'Hast du mich lieb?'

und das erinnert nicht zufällig
wirklich nicht zufällig
an die dreimalige Verleugnung
des Petrus
im Hofe des Palastes des Statthalters
die Verleugnung
zum gleichen Zeitpunkt
als Jesus verhört und gefoltert wird.

'Ich kenne diesen Menschen nicht'
sagte Petrus
'ich kenne ihn nicht'
schrie er fast.

'Hast du mich lieb', fragt Jesus ihn.

Eine Spannung
zwischen diesen Worten
die unglaublich ist.

Mit dieser Szenerie
wird uns viel erzählt
was das Ostergeschehen meint
wird viel erzählt davon
was es jetzt für unser Leben sagen will:
Ostern ist keine Vertröstung auf eine zeitliche und räumliche Entfernung hin

Ostern ist keine märchenhafte Erzählung von dem
wie es mal werden kann
Ostern verändert <u>jetzt und hier</u> diese Welt!

Das Verlorene wird zum Boden der neuen Hoffnung
der Verrat des Petrus
eigentlich unverzeihlich
diesem Verrat
kommt neues Vertrauen entgegen:
‚Hast du mich lieb?'

Und Petrus antwortet Jesus: ‚Ja!'
‚Ja, du weißt dass ich dich lieb hab
gleich was ich gemacht hab
und dreimal verraten
und feig gewesen
und Angst gehabt
deinen Tod in Kauf genommen
einfach Ja!'

Das Verlorene bleibt nicht verloren
Das ist Ostern
Was gescheitert ist
zu schwach gewesen
bekommt eine neue Chance.
Das ist Ostern.

Das kennen wir kaum mehr
denn wir leben in einer Zeit
die es liebt
davon zu reden
es gäbe immer nur eine einzige Chance
die es zu ergreifen gilt

schon in der Schule
eine Chance: alles oder nichts
Star oder Flop -
im Beruf später genauso
eine Chance
ergreife sie
oder verliere alles.

Ostern ist anders
Das Gescheiterte bekommt einen Neubeginn
bedingungslos
ganz von vorne!

Und das bleibt das bestimmende
zwischen Jesus und Petrus
auch dann
als Jesus zu ihm sagt:
‚Weide meine Schafe' -

und dann hört man den heute gebeteten 23. Psalm mit:
der Herr ist mein Hirte
mir wird nicht mangeln...
und wenn ich schon wanderte im finsteren Tal...
kein Unglück...
du bist bei mir...

‚Weide meine Schafe'
das sagt Jesus zu Petrus
deutlich und überdeutlich
an diesem Auftrag gibt es kein Vorbeikommen.

‚Weide meine Schafe' -
das ist ja nicht unsere Sprache

das sind nicht unsere Bilder
aber wir können sie verstehen wenn wir wollen.

‚Weide meine Schafe'
Vielleicht sollten wir die Bilder wechseln
und eine große Kindergruppe uns vorstellen:
klein und groß, schutzlos und neugierig.
Und uns wird gesagt:
pass auf das kleinste auf
auf das verletzbarste
auf jedes
das in die Irre geht
nicht den Weg finden kann.

‚Weide meine Schafe'
gib Acht auf die Menschen
dass keiner verloren gehe
kein einziger
das ist Ostern:
keiner darf nun mehr verloren gehen!
Zu teuer war der Preis
um den dies erreicht wurde
und wir haben vielleicht auch
das Gleichnis vom verlorenen Schaf im Ohr:
wie nicht aufzugeben ist
niemals
bis das letzte gerettet ist.

Unser Osterfestkreis
den wir noch bis Pfingsten begehen
will daran erinnern
dass es den Tod gekostet hat
neues Leben zu erhoffen -

will daran erinnern
dass die Welt eine andere geworden ist
weil umgeblättert
weil weitererzählt wurde
weil nicht mehr der Tod
sondern das Leben
das letzte Wort hat:
Gottes Wort!
Und dafür sei ihm Lob und Preis in Ewigkeit.

Liebst du mich?

Johannes 14,15-19

Liebt ihr mich, so werdet ihr meine Gebote halten. Und ich will den Vater bitten, und er wird euch einen andern Tröster geben, dass er bei euch sei in Ewigkeit: den Geist der Wahrheit, den die Welt nicht empfangen kann, denn sie sieht ihn nicht und kennt ihn nicht. Ihr kennt ihn, denn er bleibt bei euch und wird in euch sein. Ich will euch nicht als Waisen zurücklassen; ich komme zu euch. Es ist noch eine kleine Zeit, dann wird mich die Welt nicht mehr sehen. Ihr aber sollt mich sehen, denn ich lebe, und ihr sollt auch leben.

‚Liebt ihr mich...'
ein intimer Moment
in diesen Worten.

‚Liebst du mich'?
Das ist die Frage aller Fragen
und bestimmt
in ihren Folgen Lebensläufe -
Jahre und Jahrzehnte
von Menschenleben.

‚Liebst du mich'
ein banger Moment der Stille...

Jesus redet anders
er fragt nicht
sondern er wirbt
‚liebt ihr mich'
sagt er
‚liebt ihr mich
so werdet ihr meine Gebote halten'.

Das klingt ja im ersten Moment
recht nüchtern
überhaupt nicht aufregend
nicht nach dem Sprengstoff
den diese Worte eigentlich bedeuten.

Sonst ist es doch genau umgekehrt die Frage:
wie hält man Gebote?!
Das war und ist immer eine Frage
unter Menschen
die gemeinsam versuchen Regeln für ein Miteinander zu finden.

Wie hält man Gebote?
Das ist die Grundfrage jeder christlichen Ethik
von Anfang an.
Das ist letztlich auch die Frage der Reformation
wie sie nach der Betonung des Glaubens
denn nun die Werke
also die tätige Liebe verstanden wissen will.

Mitten im Johannesevangelium
eine paulinische Nähe, denn es heißt:
In der Liebe steht nichts mehr auf dem Spiel
liebt ihr, so ist es schon gelungen.
so *müsst* ihr nicht
sondern so *werdet* ihr meine Gebote halten!

In jeder Liebe findet sich eine Verheißung
auch in unserer
gegenseitigen
die Verheißung nach Nähe
nach Dauer

nach Ausschließlichkeit
auch nach Einmaligkeit.

In der Liebe
steckt immer die Verheißung
von alles oder nichts
völlig unteilbar
und ganz und gar
und darum immer gefährdet
ganz und gar.

In dem Wort Jesu
begründet sich die Liebe zwischen Gott und dem Menschen:
‚Liebt ihr mich
so werdet ihr meine Gebote halten‘
so ist die Sorge vorbei
mit den Fragen:
wie lebe ich denn richtig
und wie gottgefällig
und vorbei die Sorge und Angst
mache ich es denn richtig
und müsste ich denn nicht eigentlich noch mehr
und noch besser…

Augustinus hat es in seinem Wort so einfach zusammengefasst:
Liebe und tu was du willst.
Das ist revolutionär bis heute formuliert:
wenn ihr mich liebt
so haltet ihr meine Gebote
das meint es.
Das ist der Grundstock protestantischer Ethik
liebe und dann tu was du willst.

Wie schwer dies ist
das verschweigen auch unsere johanneischen Gedanken keinen Moment.

Es ist nicht leicht
eine Liebe geht
nimmt Abschied
Jesus nimmt Abschied mit diesen Worten.

Eine Liebe, die geht
lässt Einsamkeit zurück
und wer jemals eine verloren hat
weiß um die Wüsten
die entstehen.

Jesus erkennt in seinem Abschied diese Wüste
und verheißt denen die ihm folgen
den ‚Tröster'
wie es Luther in seiner eigenen Weise
und wie so oft genial übersetzt hat
und damit ein wunderschönes Bild erschaffen.

Wo die Liebe verweht
bleibt Trost zurück.

Weht der Geist vielleicht auch wo er will
aber dann doch mit einem Grund und einem Ziel.

Nun ist ja Trost für uns
eher etwas
sagen wir mal
Persönliches, fast schon Intimes
wir lassen uns etwa
nicht von jedem trösten.

Aber dieser *Paraklet*
so das griechische Wort
trägt in seiner Bedeutung mehr in sich
das ist übersetzt nicht nur der ‚Freund'
das ist auch der ‚Anwalt', der ‚Verteidiger'
da steht jemand
oder etwas für uns ein
gegen alles andere zur Not
weil die Verteidigung kein anderes Ziel kennt
als mir beizustehen.

Das erinnert mich
an eine der entscheidendsten Stellen von Anfechtung
und Einsamkeit in der Bibel:
Hiob
der mit seinen Freunden
um sein Gottesbild streitet
um seinen Gott kämpft
der ihn nicht zuschanden werden lässt
ihn nicht aufgibt
und er sagt diese Worte:
Ich weiß dass mein Erlöser lebt
und hier ist genau dies Wort zu finden
das anwaltlich gemeint ist:
da steht jemand für mich
ganz und gar
wenn ich nichts mehr hab
nicht mehr weiter kann
leer
dann er…

Ein unglaubliches Abschiedsgeschenk Jesu:

wo die Liebe vergeht
wo sie mir entgleitet
da steht jemand für mich
und hält
hält
wenn ich nicht mehr kann
und hält
wenn ich nicht mehr will
und hält
wenn ich kein Land mehr sehe
und keinen Sinn mehr finde
und hält
wenn ich die Liebe verrate
und kein Gebot mehr sehe und verstehe.

Und das Evangelium
nähert sich noch mehr dem Bild des Trösters
und beschreibt was das heißen mag:
als den Geist der Wahrheit.

Das hat es natürlich auch in sich
wenn wir die beiden Bilder
versuchen zu verbinden
Dann kann ich fragen
„Tröstet die Wahrheit“ wirklich?

Eine unglaublich spannende Frage
Wahrheit
so denkt man ja vielfach
verunsichert eher
entzweit auch
reißt Gräben auf
aber tröstet sie?

Vermutlich schon
denn Wahrheit verschweigen schmerzt
den Geist der Wahrheit zu schenken
heißt:
das steht etwas für mich ein
das nicht gleichgültig ist
das nicht relativiert wird
sondern volle Wahrheit beansprucht.

Mit diesen Gedanken sind wir in den schwersten Auseinandersetzungen
von Glauben und moderner Welt
mittendrin.

Solange die Kirchen gesellschaftlich
und darin vor allem diakonisch handeln
sind sie gern gesehene Partnerinnen der Welt
und ihrer Systeme.
Wenn aber der Wahrheitsanspruch gestellt wird
dann fällt der Vorhang des finsteren Mittelalters über unsere Kirchen herab
da dürfen wir uns nicht täuschen lassen.
Da werden wir milde belächelt
und leicht verspottet
vom postmodernen Geist der Aufklärung
der vergisst dass er letztlich ein Kind unserer protestantischen Kultur ist
und dieser entstammt.

Dann wird vorgeworfen:
wie könnt ihr eine Wahrheit postulieren
wo doch die Wahrheit ein reines Konstrukt ist
und immer relativ in ihren Bezügen zu bleiben hat.

Akademisch mag das interessant sein

und schön diskutierbar
aber existentiell ist etwas Anderes.

Der Geist der Wahrheit
ist ein strittiger
und ein gefährlicher.
Das haben Menschen in der Geschichte
an ihrem eigenen Leib oft genug bitter erfahren müssen.
Diese Wahrheit ist brandgefährlich
und kann einem jeden Atem rauben.

Also: Trost, Bewahrung
und auch Gefährdung
Jesus entlässt seine Gemeinde
nicht in eine Fantasiewelt
sondern mitten in die Wirklichkeit hinein
aber mit einem Ausblick!
Einem Ausblick
der die ganze Radikalität
den ganzen Wagemut von Glauben mit einem Bild
zeigt und beweist.

Er sagt zum Schluss
diesen Gedanken:
‚Ich lebe und ihr sollt auch leben‘.
Wieder ein Motiv der Liebe:
einander gebunden
wird die gleiche Zukunft verheißen
und was für eine!

Im Abschied vom Leben
im Angesicht des Todes
dieses Wort…

Hier zeigt sich das Neue Testament wieder einmal
als ein ganz großer Gesang der Liebe
der Leben verheißt
in der Wirklichkeit des Todes -
Wahrheit in der Wirklichkeit
von Blendung und Verschweigen -
Trost verheißen in der Wirklichkeit
manch trostloser Zeit.

Wie hält man Gebote
war die Frage zu Anfang.
Mit der Verheißung
der gehörten Worte ist es einfach zu antworten:
Leben leben
und nicht aufgeben
Leben genießen
verantworten
bis zum letzten Atemzug
Leben lieben.

Weil kein Schritt
weil kein Hauch
ohne Gott ist
ohne seinen Geist
seine Liebe
und eben auch nicht ohne seine Zukunft
Und dafür sei Gott Lob und Preis in Ewigkeit.

Gott hat sein Volk besucht

Lukas 7,11-15

Und es begab sich danach, dass er in eine Stadt mit Namen Nain ging; und seine Jünger gingen mit ihm und eine große Menge. Als er aber nahe an das Stadttor kam, siehe, da trug man einen Toten heraus, der der einzige Sohn seiner Mutter war, und sie war eine Witwe; und eine große Menge aus der Stadt ging mit ihr. Und als sie der Herr sah, jammerte sie ihn, und er sprach zu ihr: Weine nicht! Und trat hinzu und berührte den Sarg, und die Träger blieben stehen. Und er sprach: Jüngling, ich sage dir, steh auf! Und der Tote richtete sich auf und fing an zu reden, und Jesus gab ihn seiner Mutter.
Und Furcht ergriff sie alle, und sie priesen Gott und sprachen: Es ist ein großer Prophet unter uns aufgestanden, und: Gott hat sein Volk besucht.

Mir gefällt diese Erzählung:
dieses Unvermittelte
völlig Überraschende
die Erweckung eines Toten
einfach so
ohne Einleitung
ohne Pathos
ohne jedes Aufsehen.

Eine Erzählung des Neuen Testamentes
und mit diesen Worte
stehen wir inmitten aller Fragen unseres Glaubens
man mag sagen
in der Mitte selbst.

Eine christliche Erzählung durch und durch.
Gott hat sein Volk besucht
Gott

kein Staatsmann
kein Papst
nein
Gott hat sein Volk besucht
ein Bekenntnis am Ende dieser Worte.

Erzählungen
das betone ich ja immer wieder gerne
haben Zeit und Ort
nicht nur in dem sie entstanden sind
sondern haben
auch Zeit und Ort
in den sie hinein erzählt und
gehört werden.

Sie sind gerahmt
von dem was wir hören und verstehen
sind gerahmt
vom Aktuellen
von dem
was auf unseren Straßen passiert
und diskutiert wird
wovon Zeitungen voll sind.

Sie kennen die Themen und die Schlagzeilen
dieser Tage:
Die Angst vor dem Islam
Gefahr durch den Islam
Angst vor Moscheen
Gefahr durch Minarette
Sorge um Überfremdung
Angst vor Terrorismus
man könnte noch eine Weile

so weiter aufzählen…

Neben diesen vermeintlichen Emotionen
verstecken sich Fakten
die Verhaftung zweier Muslime
die Hetzkampagnen diverser Politiker
und ein Abendessen
zum Fastenbrechen
das Wege des Friedens zeigen sollten
durch den Bundeskanzler.

Aber es war mehr
was sich noch an Bildern damit vermischte:
Weiter weg aber noch im Hinterkopf
der Besuch des Papstes
und wer es neben allem noch hören konnte:
die 3. Ökumenische Versammlung in Sibiu
Hermannstadt /Rumänien
mit ihrem Wort an die Ökumene der Welt:
Das Licht Christi scheint auf alle.

Das ist der Rahmen
angereichert mit all ihren Gedanken
die sie heute mit in die Kirche gebracht haben.

Mir gefällt diese Erzählung
habe ich gesagt.
Sie gefällt mir von ihren starken Bildern
von ihrer szenischen Darstellung:
zwei Züge von Menschen
zwei Züge
die einander begegnen:

der Zug Jesu mit seinen Jüngern und Jüngerinnen
durch das Land
tagelang
wochenlang unterwegs…

…und der Totenzug
das Totengeleit
der Weg zum Grab
mit dem Jüngling
der viel zu früh verstorben
begleitet von seiner Mutter
und viel Volk
das die Größe dieses Leides bezeugen soll.

Und die beiden
Züge treffen aufeinander
ungeplant
ungewollt
einfach so:
Gott besucht sein Volk.

Kein Wort an Jesus
keine Bitte
kein Flehen zu ihm
sondern Jesus **sieht**
das ist es.

Jesus sieht
er sieht das Leid an
und weiß darum und handelt
und jeder versteht
der dies gesehen und miterlebt:
Gott hat sein Volk besucht!

Das Wunder scheint
fast weniger die Totenerweckung
als dieses unmittelbare Einbrechen
des Unerwarteten zu sein:
der Besuch Gottes in unsere Welt hinein
und wenn wir aufmerksam sind
dann hören wir das Vergehende in diesem Wort:
'besucht` -
das meint:
es bleibt nicht
jeder Besuch
gleich in welche Länge gezogen
wird sein Ende finden.

Besuch hat immer mit einem Anfang
- mit Freude -
und auch mit Abschied zu tun.
Das Geschehene
es bleibt nicht
es vergeht.

Die ganze Geschichte Jesu
ruht in diesem Wort
vom Besuch Gottes bei seinem Volk -
ein großes Bekenntnis!

Bekenntnisse haben einen wichtigen Ort
einen wichtigen Sitz im Leben
der Religionen
eines jeden Glaubens
Und Bekenntnis mögen verschiedene Gewichtungen
und Bedeutungen haben:

Bekenntnis mag heißen
Vergewisserung z.B. die Frage:
ist das *mein* Glaube?
‚Gott hat sein Volk besucht' -
ist es das?
Glaub ich das?

Und Bekenntnis
kann heißen
Bestärkung, Verstärkung
und meint dann:
Genau DAS ist mein Glaube
dass Gott in Jesus sein Volk besucht hat.

Oder Bekenntnis mag heißen
Werbung und Katechese:
Hört und lernt von unserem Glauben:
Gott hat sein Volk besucht.

Nun hat auch ein jedes Bekenntnis
Zeit und Ort
und wird nicht in die Leere hineingesprochen.
Auf was trifft also ein solches Bekenntnis
auf offene
auf taube Ohren?

Ich denke diese Tage zeigen
wie offen die Ohren sind.
Die aktuelle Situation
in Österreich
und man kann sagen in ganz Europa
weist darauf hin
dass es nicht gleichgültig ist

in welcher Tradition
und in welcher Form
wir unseren Glauben ausdrücken.

Momentan scheint
sich alles um den Glauben von uns Menschen zu drehen.
Glaube und Religion ist mit einem Schlag Tagespolitik
und wer meint
das sei doch eher falsch
und das kann es doch nicht sein
und das hätte es früher nicht gegeben
der, so denke ich persönlich
der irrt!

Glaube hat sich immer
immer wieder tagespolitisch ausgedrückt
so vor allem in Umbruchszeiten:
ob es die Zerstörung Jerusalems durch die Römer
ob es die Trennung der katholischen
und der orthodoxen Kirche -
ob es die Reformation war
das war immer
Glaube und politischer Alltag zugleich.
Nicht anders als heute
in unseren Tagen.

Ein Abendessen beim Bundeskanzler
am Tisch der Religionen
der Besuch des Dalai Lama in Graz
der Papst auf Reisen in Österreich
die große Ökumene in Sibiu
der Streit
um Moscheen und Minarette

die Frage nach dem christlichen Abendland
wer mag denn noch sagen
oder behaupten
dass unsere Zeit
ohne Fragen zum Glauben sei?

Gott hat sein Volk besucht.
Also wem gilt dieses Bekenntnis
was kann es sagen
was darf es bedeuten?

Ein Bekenntnis für die Gemeinde
so wie hier mitten in Wien
also den über 3.500 Menschen die dazu gehören -
ich denke das kann gefeiert werden
und wird es zumindest jedes Weihnachten und jedes Ostern:
Gott hat sein Volk besucht!

Das hat als Ereignis und Bekenntnis
Sitz im Leben einer jeden Gemeinde.
Und darüber hinaus?
vielleicht ein Bekenntnis für die Christenheit
als Ganzes weltweit?
Ein guter Gedanke
vielleicht als einigendes Band
über die Grenzen aller Konfessionen hinweg.

Gott besucht sein Volk
misst nicht die Grenzen zwischen den Kirchen ab
sondern überschreitet sie
ein Bekenntnis
das mahnt und ruft zur Einheit.

Aber machen Bekenntnisse überhaupt Halt
oder überschreiten sie weitere Grenzen?
Wäre es denkbar:
Ein Bekenntnis der Religionen?
‚Gott besucht sein Volk' -
ein mutiger Gedanke -
man wagt ihn kaum zu denken
und die Konsequenzen daraus zu ziehen.

Aber haben wir das biblische Bild vor Augen:
diese Züge, die sich zufällig kreuzen -
ohne Planung und ohne Absicht:
‚Gott besucht sein Volk'
das ist ein Bekenntnis für den Erdkreis
das war es von Anfang an
durch alle Zeiten hindurch.

Ein Bekenntnis für den Erdkreis
nicht dazu da
einander zu misstrauen
gegeneinander zu hetzen
nicht dazu da
politisches Kleingeld zu wechseln mit dem Glauben der Menschen
aber dazu da
um offen Bekenntnis abzulegen.

Das täte gut unserer Zeit
für alle Dialoge
für alles Verständnis
offen zu bekennen:
‚Gott besucht sein Volk'
Das ist unsere Freude und unsere Hoffnung
Dass er dies tut, dafür sei ihm Lob und Preis in Ewigkeit.

Die Mauer vor dem Himmel

Man glaubt nicht
wie viel Theologie
wie viel grundsätzliches Fragen
in einem Witz sich verbergen kann.

Darum heute einmal ein bekannter Witz:
Kommt einer nach seinem Tod in den Himmel und wird von Petrus durch das Paradies geführt. Alles ist toll, er ist begeistert: traumhafte Landschaften, alles wunderschön- bis ja bis er auf einmal vor einer riesigen Betonmauer zu stehen kommt.
Er ruft Petrus, der ein Stück vorgegangen war laut: ‚Hey Petrus was ist denn das?
Petrus kommt aufgeregt angerannt:
Psssst! Dahinter sind die Christen, die glauben sie wären allein.

Den Witz gibt es natürlich
in jeder Ausprägung
manchmal sitzen hinter der Mauer
auch die Katholiken.

Aber immer geht es darum
dass manche glauben
sie seien alleine im Himmel
und liebevoll
lässt man sie in ihrem Glauben
indem eine Mauer sie davor schützt
die Wahrheit erfahren zu müssen.

Ein Witz mit einer umstrittenen Theologie
und mit einer herausfordernden
mit einer Theologie
die alltäglich unter Streit stehen kann -
im Mittelpunkt die Frage:
kommen alle Menschen in den Himmel

oder anders gefragt:
schafft der Himmel die Gerechtigkeit
die auf Erden zu fehlen scheint
so dass die einen drinnen sind
und die anderen draußen bleiben müssen?

Eine Frage, die alt ist
und mit der sich schon der Prophet Jona im Alten Testament auseinander zu setzen hatte.
So lesen wir im Buch des Propheten Jona:

Es geschah das Wort des HERRN zu Jona, dem Sohn Amittais: Mache dich auf und geh in die große Stadt Ninive und predige wider sie; denn ihre Bosheit ist vor mich gekommen.
Aber Jona machte sich auf und wollte vor dem HERRN nach Tarsis fliehen und kam hinab nach Jafo. Und als er ein Schiff fand, das nach Tarsis fahren wollte, gab er Fährgeld und trat hinein, um mit ihnen nach Tarsis zu fahren und dem HERRN aus den Augen zu kommen.

Was jetzt folgt ist bekannt:
Jona geht auf das Schiff, ein Sturm kommt.
Jona weiß, dass Gott den Sturm wegen ihm schickt -
er wird auf sein eigenes Geheiß über Bord geworfen
und dort von einem Fisch verschluckt.
Dieser speit ihn schließlich wieder ans Land
und dann lesen wir weiter:

Und es geschah das Wort des HERRN zum zweitenmal zu Jona: Mach dich auf, geh in die große Stadt Ninive und predige ihr, was ich dir sage!
Da machte sich Jona auf und ging hin nach Ninive, wie der HERR gesagt hatte. Ninive aber war eine große Stadt vor Gott, drei Tagereisen groß. Und als Jona anfing, in die Stadt hineinzugehen, und eine Tagereise weit gekommen war, predigte er und sprach: Es sind noch vierzig Tage, so wird Ninive untergehen. Da glaubten die Leute von Ninive an Gott und ließen ein Fasten ausrufen und zogen alle, groß und klein, den Sack zur Buße

an... Als aber Gott ihr Tun sah, wie sie sich bekehrten von ihrem bösen Wege, reute ihn das Übel, das er ihnen angekündigt hatte, und tat's nicht.
Das aber verdross Jona sehr, und er ward zornig und betete zum HERRN und sprach: Ach, HERR, das ist's ja, was ich dachte, als ich noch in meinem Lande war, weshalb ich auch eilends nach Tarsis fliehen wollte; denn ich wusste, dass du gnädig, barmherzig, langmütig und von großer Güte bist und lässt dich des Übels gereuen. So nimm nun, HERR, meine Seele von mir; denn ich möchte lieber tot sein als leben.

Der Prophet Jona
den wir eher aus Kindergeschichten und schönen Zeichnungen mit dem Walfisch kennen
erfährt etwas, was der Mauer im Witz ähnelt:
Er hört, sieht und erlebt
dass jenseits der Mauer Menschen sind.
Nur ist Jona auf der Seite der Mauer
auf der man glauben konnte, allein zu sein.

Machen wir es uns nicht einfach:
Nicht ist das Jonabuch und mit ihm das Alte Testament
so zu verstehen
dass hier eine Theologie vertreten wird
die meint, nur Israel sei von Gott erwählt
und alle anderen Völker nicht
und erst mit Jesus sei die Erwählung aller Menschen gekommen.

Jonas Problem ist auch nicht
dass die Menschen Ninives sich zu Gott bekehren
sondern dass er nicht mehr sieht
wo Gott gerecht ist:
Wenn er alles vergibt
auch die Bosheit Ninives
ist dann nicht alles gleichgültig?
Was sagt dann noch Gottes Wort
und was sein eigenes prophetisches Wort?

Machen wir es uns wirklich nicht zu einfach.
Weil die Fragestellungen geblieben sind:

Alle Getauften sind Gottes Kinder –
ein Satz, den ich an mancher Bibelstelle
des Neuen Testaments festmachen könnte
und der angelegt ist im Auftrag Jesu:
gehet hin und machet zu Jüngern...
und taufet sie....

Gut -
und was ist mit den Nicht-Getauften?
Mit denen aus einer anderen Religion
mit den Kindern
deren Eltern sie nicht taufen ließen
und selbst so keine Bekanntschaft machten
oder mit denen, die nicht wollten?

Da haben wir nicht die Mauer im Himmel
sondern wenn wir in diesem Bild bleiben wollen:
da haben wir die Mauer vor dem Himmel.

Und wir sind mitten
in den Problemen
und den Fragen
und den Erfahrungen
mit denen sich das Jonabuch auseinandersetzt.

Warum übt Gott keine Gerechtigkeit?
Warum lässt er Ninive
den Inbegriff des Bösen
- und auch heute gibt es ja Länder die

so politisch diffamiert werden -
warum lässt er Ninive
nicht untergehen?!
Wo sie es doch verdient hätten?
Wo Ninive doch nicht zum auserwählten Volk gehörte?
Warum schickt er kein Strafgericht
über die an sich doch Ungläubigen?
Und warum muss der Prophet erleben
dass sein Wort, nicht eintrifft?
Warum stellt sich Gott auf die Seite der Bösen
die zwar Reue zeigten
aber deren Untergang doch die einzigen Antwort auf ihr Unrecht hätte sein müssen?

Die Fragen sind geblieben:
Natürlich, gerne schieben wir in christlicher Tradition
der katholischen Schwesterkirche den ‚schwarzen Peter' zu
die ja sehr genau
weil kirchenrechtlich niedergeschrieben
festlegt
wer drin ist und wer draußen:
wer von Gott angenommen
und wer von Gott verworfen scheint.

Findet es sich also
solches nicht in unseren Rechtsordnungen
dann auch nicht in unseren Köpfen?

Wen lädt etwa Christus unserem Verständnis nach zum Abendmahl ein?
Wen ruft er dazu
zu seinem Gedächtnis sich zu versammeln?
Sind Nicht-Getaufte bei uns nicht zum Abendmahl zugelassen?
Und wenn nicht, wer bestimmt das?
Die Tradition?

Rechtsordnungen?
Synoden?
Wo wir als Evangelische doch so stolz darauf sind
dass die Tradition kein Gewicht bei uns findet
sondern wir allein auf das Wort der Bibel blicken.

Und wollte man eine Tauftheologie des Neuen Testaments erheben
dann würde man sicher
den Zusammenhang von Taufe und Gotteskindschaft angelegt finden.

Aber Schriftbeweise führen hätte Jona auch können.
Er hätte mit vielen biblischen Worten der Heiligen Schrift
belegen können
dass Ninive untergehen wird müssen
weil Gott Recht schafft.

Das ist ja das
was Jona kaum aushält:
die Freiheit Gottes, sein eigenes Wort
immer wieder neu laut werden zu lassen -
und diese grenzenlose Solidarität mit allen Menschen -
so grenzenlos, dass es für Jona damals
und für uns auch heute nur schwer denkbar ist
dass die Gnade allen Menschen gilt.

Darum haben wir den Himmel unterteilt
und haben Mauern gebaut
und haben einen Teil davon
Hölle genannt
haben den Himmel also
so könnte man sagen
in ein Bonus/Malus System eingeteilt.

Vielleicht halten wir es oft nur aus
wenn wir glaubten
allein zu sein
wenn also in dem Bild des Witzes
die Mauern im Himmel alle brav voneinander trennten.

Aber stellen wir uns vor:
erst wenn diese Mauern im Himmel -
erst wenn diese Mauern in unseren Vorstellungen
Mauern falscher Moral
und menschlicher Gerechtigkeitsvorstellungen
fallen und einstürzen
erst dann
bekommen wir einen Begriff von der Gnade Gottes
grenzenlos
unerträglich weit.
Für diese Weite sei Gott Lob und Preis in Ewigkeit.

Vom Untertan-sein

Römer 13,1-7

Jedermann sei untertan der Obrigkeit, die Gewalt über ihn hat. Denn es ist keine Obrigkeit außer von Gott; wo aber Obrigkeit ist, die ist von Gott angeordnet. Wer sich nun der Obrigkeit widersetzt, der widerstrebt der Anordnung Gottes; die ihr aber widerstreben, ziehen sich selbst das Urteil zu. Denn vor denen, die Gewalt haben, muss man sich nicht fürchten wegen guter, sondern wegen böser Werke. Willst du dich aber nicht fürchten vor der Obrigkeit, so tue Gutes; so wirst du Lob von ihr erhalten. Denn sie ist Gottes Dienerin, dir zugut. Tust du aber Böses, so fürchte dich; denn sie trägt das Schwert nicht umsonst: Sie ist Gottes Dienerin und vollzieht das Strafgericht an dem, der Böses tut. Darum ist es notwendig, sich unterzuordnen, nicht allein um der Strafe, sondern auch um des Gewissens willen. Deshalb zahlt ihr ja auch Steuer; denn sie sind Gottes Diener, auf diesen Dienst beständig bedacht. So gebt nun jedem, was ihr schuldig seid: Steuer, dem die Steuer gebührt; Zoll, dem der Zoll gebührt; Furcht, dem die Furcht gebührt; Ehre, dem die Ehre gebührt.

Kein Wort
das man sich freiwillig wählt
darüber zu predigen.

Ein berühmtes Wort
das leicht zum Scheitern verführt.
Entweder zu scheitern
an dem was Paulus uns sagen wollte
oder zu scheitern
an der Übersetzung
für unsere heutigen Ohren.
Zu scheitern
zwischen Schriftverständnis und eigenem Glauben.

Das erste ist bei mir Irritation

und auch Verärgerung
und die Frage:
darf man Paulus
darf man einem Wort der Heiligen Schrift
widersprechen und einfach nein sagen?!

‚Jedermann sei untertan der Obrigkeit'
Wer da nicht den Ärger in sich spürt
das Nein auf seiner Zunge nicht schmeckt
der nimmt
behaupte ich mal
-und ärgert euch bitte nicht-
der nimmt das Wort der Bibel nicht ernst genug.
Denn wenn ich es nicht ernst nehme
dann brauch ich mich daran auch nicht zu ärgern.
Nein ich ärgere mich-
Widerspruch!
‚Jedermann sei untertan der Obrigkeit'
Nein!
Warum auch?

Ich fühle mich zutiefst in meinem protestantischen Bewusstsein getroffen.
Wie oft sitze ich mit gemischt-konfessionellen Paaren
zusammen
und es kommt die Rede
auf die protestantische Identität
und da geht es um Freiheit
um das eigene Gewissen vor Gott
um die Selbstbestimmung
niemand anders verantwortlich zu sein
als Gott allein -
das Ernstnehmen von Entscheidung.
Es geht um demokratische Strukturen

unserer Kirche
um Macht
die auf unserer Welt ohnmächtig ist.

Und dann so?
Untertan der Obrigkeit
die Gewalt über mich hat?
Muss ich denn die Gewalt über mich
- die es genügend gibt -
bejahen
gutheißen?

Untertan der Obrigkeit
d.h. doch für uns
Untertan einer Regierung?
Gleich welcher
nur weil sie Obrigkeit ist?
Oder ihr in der Schule
seid untertan eurer Obrigkeit.
Das heißt seid untertan eurer Direktion
denn sie hat wirklich Gewalt über euch?!
Ist dies Gott gewollt?
Was reitet hier Paulus für einen Gedanken?

Und jetzt spürt man doch
tief unter die Haut
diese Verschränkung
von Macht und Gott
die hier angelegt ist
und die mich zumindest
völlig irritiert und zornig
zurücklässt.
Denn für mich war doch bisher

die Manifestation Gottes
das Kreuz
also die Verbindung
genau umgekehrt
nicht von Macht
sondern
von Ohnmacht und Gott.

Gut...
Gut evangelisch ist es
mit seinem Ärger
sich nicht wegzudrehen
sondern die Heilige Schrift
nur noch intensiver zu befragen.

Also Paulus und sein Römerbrief.
Protestantische Schriftauslegung
fragt nach, hakt nach
akzeptiert nichts ohne den zweiten kritischen Blick.

Diese Verse 1 bis 7 des 13. Kapitels
das ist unbestritten
sind nicht unproblematisch
weil hier entgegen jeder paulinischer Schreibweise
auf einmal nicht mehr vom christlichen Leben die Rede ist.
Vielmehr scheint es als
werden ganz allgemeine Verhaltensregel der damaligen Zeit fortgeschrieben.
Nicht einmal Christen und Nichtchristen werden unterschieden
jedermann
einfach alle sind untertan.

Warum diese Unterwerfung?
Aus der Zeit heraus verständlich?

Paulus in Korinth sitzend
schreibt nach Rom
in das Rom, das brodelt
weil christliche Gruppen
Proteste vor Kaiser Nero bringen
und damit Gefahr für die ganze christliche Gemeinde?

Untertänigkeit
aus Angst und Sorge?
Forderung, Untertan zu sein
als Schutz
und nicht als theologische Erkenntnis
und somit keine Frage des Glaubens?
Das wäre ein Ausweg
aber sicher können wir nicht sein
mit dieser Einschätzung der Verse -
zu wenig präzise zeigt sich die historische Situation.

Aber hinter den paulinischen Worten
steht auch ein Anspruch:
es ist keine Obrigkeit außer von Gott
d.h. es gibt keine Macht
jenseits der Macht Gottes
keine Macht
die aus der Natur
oder dem Menschen selbst zu begründen wäre.

Außerhalb von Gott
heißt das
ist alles machtlos.

Warum diese Betonung?
Was fordert denn Paulus von der Obrigkeit

seinem Glauben nach?
Sie hat zwischen
Gut und Böse zu unterscheiden.
Das Böse zu bestrafen
und das Gute zu loben.
Und das Gute
das ist nicht irgendetwas Abstraktes
das schreibt Paulus direkt im Anschluss an unsere Verse noch im 13. Kapitel:
es ist die Liebe, die das Gesetz erfüllt!

Also die Obrigkeit
hat die Liebe zu suchen
und das Böse zu strafen
das klingt anders für mich
ein anderer Zugang
der mit Mut macht weiterzudenken.
Den ich behalten will für die letzten Gedanken.

Aber was
wenn sie das nicht tut?
Was ist wenn Obrigkeit diese Liebe verletzt
wenn sie das Böse belobigt
und das Gute straft?
Ist dann die Auflehnung
gegen die Obrigkeit
immer noch
wie Paulus sagt
eine Auflehnung gegen Gott?

Das ist die Frage
die doch schmerzhaft
unsere Geschichte durchzogen hat
das ist

ein vor allem auch protestantisches Problem
an dem wir immer wieder zu scheitern drohen.
Gebt dem Kaiser
was des Kaisers ist
und Gott was Gottes ist.
Das war Jesu Wort.
Und ein gutes Wort
aber was ist
wenn der Kaiser alles will
und sich alles nimmt?

Was ist mit der Obrigkeit
die Paulus hinrichten wird
wenige Jahre später in Rom
und die Christen zu lebenden Fackeln
als Gartenillumination vernichtet?

Was ist mit einem Ungehorsam
gegenüber der Obrigkeit
bereit zum Tyrannenmord?

Seid der Obrigkeit untertan
den Gedanken könnten wir wegwischen
mit dem heutigen Argument
dass es doch in demokratischen Staaten
keine Obrigkeit mehr gäbe
und so auch keine Untertanen
da doch alle Gewalt vom Volk ausgehe
und diese Gewalt in verschiedene unabhängige Bereiche geteilt sei.

Aber was ist mit unseren Erfahrungen
sehr persönlichen und auch schmerzhaften Erfahrungen
von Obrigkeit und Untertänigkeit?

Was ist mit den vielen Obrigkeiten
in allen Teilen dieser Welt
die Menschen foltern
aushungern
ihnen das Menschsein nehmen?
Ist dies gottgewollt? -
diese Frage nehmen wir aus Römer 13 mit
und werden sie nicht los.
Und sie darf angesichts des realen Leides
keine akademische Frage werden.

Darum ist eine Antwort
immer wieder zu versuchen.
Jede Obrigkeit hat eine Aufgabe:
das Gute zu suchen
dem Bösen zu wehren.

Und das Gute bleibt auch bei Paulus
wie schon betont nicht undefiniert.
Er sagt:
die Liebe ist des Gesetzes Erfüllung.
Wo Obrigkeit Liebe verletzt
und das Böse zulässt
verliert sie ihre Macht Obrigkeit zu sein.
Je mehr Obrigkeit
Menschen und das Recht verletzen
desto machtloser wird sie.
Ist sie aber keine Obrigkeit mehr
von Gott geliehen
verliert sie
Gottes Dienerin zu sein.
Und dann gibt es auch keine Untertanen mehr

und keinen Gehorsam.

Jedermann sei untertan der Obrigkeit
Ja!
Als Gottes Dienerin
solange sie das Leben fördert
und aller bösen Gewalt wehrt.
Solange sie von der Liebe zum Menschen kündet.

Dafür dass keine Gewalt
über uns Herrschaft habe
als Gott allein
dafür sei ihm Lob und Preis in Ewigkeit.

Mut zum Bekenntnis

5. Mose 6,4-9

Höre, Israel, der HERR ist unser Gott, der HERR allein. Und du sollst den HERRN, deinen Gott, liebhaben von ganzem Herzen, von ganzer Seele und mit all deiner Kraft. Und diese Worte, die ich dir heute gebiete, sollst du zu Herzen nehmen und sollst sie deinen Kindern einschärfen und davon reden, wenn du in deinem Hause sitzt oder unterwegs bist, wenn du dich niederlegst oder aufstehst. Und du sollst sie binden zum Zeichen auf deine Hand, und sie sollen dir ein Merkzeichen zwischen deinen Augen sein, und du sollst sie schreiben auf die Pfosten deines Hauses und an die Tore.

Heute also als Lesung zur Predigt
das Sch'ma Jisrael
wie es im Original lautet.

Höre Israel
einer der bedeutendsten Stellen des Alten Testaments
überhaupt
Worte mit einem Gewicht
vergleichbar nur noch mit -
sagen wir den Zehn Geboten
oder vielleicht der Bergpredigt
mit dem Vater Unser
oder einem Auferstehungswort.

Das ist Urgestein
biblischer Überlieferung
Höre Israel, der Herr ist unser Gott
der Herr allein
da sind ganze Themenwelten mit gesetzt
da bricht Geschichte
und da brechen Geschichten auf

Bilderfluten
die aus diesem
natürlich eigentlich
jüdischen Bekenntnis heraustreten.

Bilder der letzten Wochen von den 60 Jahre Feiern des Staates Israel
fröhliche Bilder mit nachdenklichem Hintergrund
und Bilder die ihren Schatten vorauswerfen
wenn wir dem 70 Jahre Gedenken der Reichskristallnacht
diesen November entgegen gehen werden.
Bilder, die bestimmt sind von der Geschichte unseres Staates und den Fragen
die das Ereignis vor 70 Jahren hier bei uns aufgeworfen hat.
Bilderfluten

Höre Israel...
und wir können durch unsere Stadt gehen
auf den Judenplatz
und sprachlos vor der Bibliothek
die sich uns verbirgt stehen
oder wir können spazieren gehen
und zum Stehen kommen
wie mir letztens passiert
im 9. Bezirk, im Servitenviertel
vor einem Denk-mal
Wohnungsschlüssel mit Namensschildern
in den Boden gelegt
und mit Glas abgedeckt
Erinnerung
Mahnung
Wahrnehmung

Wie viele dieser Menschen
deren Schlüssel an ihre Wohnstatt bei uns

erinnert
hatten dieses Wort
Höre Israel
auf ihren Lippen
so wie es gefordert ist
von Kindesbeinen an
das erste Wort zu lernen
für ein jedes jüdisches Kind
Höre Israel
und in jedem Synagogengottesdienst gesprochen
und vielleicht
waren es auch die letzten Worte
auf den Lippen
Höre Israel...

Aber es sind Worte aus unserer Bibel
Worte aus unserem Heiligen Buch
diese Worte
aus dem 5. Buch Mose sind
das Bekenntnis der Juden
und Worte die uns
in unserer Tradition als Christinnen
und Christen geblieben sind.

Es ist ein Bekenntnis
ein schönes so finde ich
mit wunderschönen Motiven:
Höre, unser Gott ist er allein
und von ganzem Herzen lieben
und du sollst davon reden
und Zeichen setzen...
Bekenntnis ablegen
behaupte ich einmal

das ist nicht unsere Stärke
das mag schon
an unserem christlichen Bekenntnis liegen
das wir in jedem Gottesdienst sprechen.
Wie schwer es einmal im Leben wirklich
auswendig zu können
ja und dann noch zu verstehen?
Und das was ich verstehe auch zu glauben?

Höre Israel
das ist so einfach
Bekenntnis abzulegen ist nicht unsere Stärke
habe ich gesagt und behauptet.
Religion ist Privatsache
und wie wir als Evangelische
eben früher keinen Kirchturm
und keinen Zugang von der Straße haben durften
so versteckt
leben wir manchmal mit unserem Glauben
heutzutage:
keinen ‚Turm'
nichts woran man uns erkennt
keinen Zugang von der Straße
ja- kein Wort auf meinen Lippen.

Es ist schwer Bekenntnis abzulegen -
letztlich mir wieder aufgefallen:
anfangs der Woche
morgens in einem kleinen Café
in dem ich gesessen bin.
Gespräch kommt klassisch auf Tageshoroskop
die Bedienung sagt
das sei nicht ihres

sie glaube an persönliche Schutzengel
sieht meinen irritierten Blick
oder meine fragenden
lehnt sich vor
und fragt
‚woran glauben Sie?'
einfach so
morgens
erster Kaffee
müde
keine Vorbereitung
einfache Frage.
Antwort sollte doch auch einfach sein
für mich sowieso…

Ja, ich habe gesagt
dass ich glaube an Gott
und merkte wie schwer es mir fiel
so etwas an irgendeinem Tisch
an irgendeinem Platz der Welt
irgendeinem fremden Menschen
gegenüber zu bekennen
ohne jeden Schutzraum
von Kirche und Gemeinde.

Dabei ist es genau
was diese biblischen Worte zutiefst meinen
und herausfordern:
und du sollst davon reden
wenn du in deinem Haus sitzt
oder unterwegs bist
…
das ist es

nichts anderes
bekennen heißt zu reden
meint ja zu sagen
dazu zu stehen.

Aber dieses so einmalig bedeutsame Bekenntnis
ist noch durch etwas Anderes geformt:
Es heißt im 5. Buch Mose
du sollst deinen Gott von ganzem Herzen liebhaben
und die Worte zu Herzen nehmen.
Das Herz gehört zum Bekenntnis.

das finden wir in unserem recht spät entstandenen Bekenntnis nicht:
ich glaube an Gott
den Vater, den Allmächtigen
und an Jesus Christus
und an den Heiligen Geist...

Unser Bekenntnis ist eigentlich Kirchenlehre
Kirchenlehre pur
und sowenig die Rede
vom Herz
so wenig wovon nach unserem Glauben
das Verhältnis von Gott und Mensch begründet liegt:
nämlich in der Liebe.

Aber ohne Herz
können wir nicht bekennen.
Wir brauchen die Liebe
zu dieser Welt
zu den Menschen
die Liebe zu meinem Gegenüber
die Liebe –vielleicht das schwerste

mir selbst gegenüber
um bekennen zu können.

Das Bekenntnis geht nicht in die Leere.
Ohne Glauben an diese Welt
und dass für diese Hoffnung besteht
gegen alle Nachrichten
des Alltages gegen an
und dass für jeden einzelnen Menschen
Hoffnung besteht
ohne Ausnahme -
ohne diese Liebe
gibt es kein Bekenntnis zu Gott.

Und darum bleibt dies Bekenntnis nicht bei uns
sondern trägt sich weiter
hat sich weiter zu tragen
weil Verstummen nicht möglich ist.

Wir sollen es unseren Kindern einschärfen.
Nach diesem Gottesdienst im Anschluss heute
wird ein kleines Mädchen getauft werden
und einige aus der Tauffamilie sind jetzt schon anwesend.
Also was werdet ihr dem Täufling ‚einschärfen' wollen?

Was erzählen wir denn unseren Kindern
vor lauter Relativierung
weil wir doch meinen
unseren Kindern gegenüber offen bleiben zu müssen
damit sie sich später selbst entscheiden können
in dem was Recht ist und was nicht passend?

Das einzige wo wir eindeutig bleiben

- lassen sie mich bewusst überzeichnen -
das einzige wo wir eindeutig bleiben
ist bei der Ampel:
da ist ‚Rot' rot und das heißt stehen
und ‚Grün' grün und das heißt gehen.

Überzogen natürlich
aber in der Tendenz stimmt es nicht ein wenig?
Wir wollen unseren Kindern nichts mehr vorschreiben
heißt es- gut!
Aus der viel zu autoritären Zeit
und der nachfolgenden antiautoritären Bewegung wollten wir lernen.
Kinder sollten reif werden Entscheidungen zu treffen
und nicht einfach alles nach zu beten.
Alles gut, aber gilt diese Indifferenz
diese Unentschiedenheit
dieses positionslose Offenbleiben für uns selbst
als Eltern auch?

Umgekehrt
sind wir bereit
Orientierung zu bieten?
Auch gegenüber unseren Kindern?
Bekenntnis abzulegen
deutlich?!

Wir brauchen nicht indifferent zu sein
wir sollten erkennbar bleiben
Position beziehen
Reibebaum bieten
Kinder sollten unser Bekenntnis hören können.
Entscheiden tun sie sich
so oder so nach eigener Nase und Willen

und das ist gut so.

Also Zeichen setzten das ist gefordert
das hat vielleicht auch was mit Stolz zu tun
Stolz, Christin oder Christ zu sein
nicht als Hochmut
sondern aus der Freude
wie man stolz ist in der Liebe
nicht aus Besitz
sondern aus dem Ereignis selbst heraus

Sich freuen
im Glauben
mit allen Zweifeln leben zu dürfen
in aller Anfechtung
Sicherheit gewinnen zu können.

Für die Freude in ein so altes Bekenntnis
das uns Menschen vor Gott
zusammengebunden hat
mit einstimmen zu können und zu dürfen
dafür sei Gott Lob und Preis in Ewigkeit.

Himmel oder Hölle

Matthäus 10,26b-33

(Christus spricht:) *Es ist nichts verborgen, was nicht offenbar wird, und nichts geheim, was man nicht wissen wird. Was ich euch sage in der Finsternis, das redet im Licht; und was euch gesagt wird in das Ohr, das predigt auf den Dächern. Und fürchtet euch nicht vor denen, die den Leib töten, doch die Seele nicht töten können; fürchtet euch aber viel mehr vor dem, der Leib und Seele verderben kann in der Hölle. Kauft man nicht zwei Sperlinge für einen Groschen? Dennoch fällt keiner von ihnen auf die Erde ohne euren Vater. Nun aber sind auch eure Haare auf dem Haupt alle gezählt. Darum fürchtet euch nicht; ihr seid besser als viele Sperlinge. Wer nun mich bekennt vor den Menschen, den will ich auch bekennen vor meinem himmlischen Vater. Wer mich aber verleugnet vor den Menschen, den will ich auch verleugnen vor meinem himmlischen Vater.*

Ein hartes Wort
verwirrend
vielleicht beunruhigend
und doch ein Wort
so denke ich
das so recht auf diesen Tag passt.

Kaum deutlicher ist je von Jesus ein solches Zeugnis
zu hören gewesen
welche Bedeutung
dem Bekenntnis zukommt:
Wer mich bekennt
den bekenne auch ich
und wer mich verleugnet
den verleugne auch ich.
Punkt!

Das wird eng

alles oder nichts
dazwischen zu bleiben
so wie wir es vielleicht manchmal gerne haben
raushalten
nur nicht auffallen
sich ducken
keine Farbe bekennen
das spielt‘s hier nicht.

Es wird gerne behauptet
es gäbe zwei Tabus in Österreich
das eine ist über die Höhe des Gehaltes
das andere ist, über den eigenen Glauben zu reden.
Na gut -
vielleicht haben wir nicht darüber geredet
aber zumindest seid ihr euren Glauben heute schon gegangen.

Das ist auch Bekenntnis
sich heute Morgen
an einem Werktag auf den Weg
zu einem Gottesdienst zu machen.

Und vielleicht ist mancher gefragt worden
‚was heute Gottesdienst?‘
‚Warum?‘
Ja warum seid ihr heute Morgen losgegangen
warum seid ihr hier?

„ wer mich bekennt“ …
da sind wir mitten drin im Thema.

Wir sind eine Bekenntniskirche
und tragen dies

für andere Europäer
die nach Österreich kommen
oft verwirrend
in unserem Namen
Evangelische Kirche in Österreich A.B.
Augsburger Bekenntnis.

Unser Glaube an Gott
wird formuliert
in verschiedenen Traditionen
und Bekenntnissen
und unsere Tradition
und unser Bekenntnis
hat seinen geschichtlichen Ort
in diesem Tag heute:
Reformationstag.

Darum geht es an einem solchen Tag auch nicht darum
dass wir uns als Evangelische wichtig nehmen
oder dass die Evangelische Kirche
ganz besonders zu feiern wäre -
heute ist nicht ihr Geburtstag -
das bleibt Pfingsten für alle Kirchen dieser Welt -
sondern es geht um unser Bekenntnis
um unsere Tradition
um unser Stehen vor Gott
und um unsere Sprache dieses
auszudrücken und weiterzugeben.

So wie wir es eben hörten
die Frage nach dem:
wie wir es von den Dächern predigen werden.
Das „Was“ das sollte uns im Grundsatz mit allen christlichen Kirchen der Welt einen

aber das „Wie“ macht den Unterschied…
Und darum geht es in der Reformation
dass dies in einer eigenen Weise
in einer anderen Sprache
deutlich und klar über die Dächer hinweg gepredigt werde.

Und diese Reformation
die haben wir
- wenn wir sie haben -
das ganz Jahr über
getragen von dem Gedanken
dass Kirche immer zu reformieren sei
ohne Stillstand
in dem Sinne
dass immer wieder neu Sprache zu finden sei
darin, wie unser Stehen und Leben vor Gott sich ausdrückt.

Nur den Gedenktag
wie es so schön heißt
den Feiertag
den haben wir heute.
Und um diesen Feiertag herum
hat sich ja manches
über die Jahre
stark atmosphärisch verändert.

Konnten wir uns lange Zeit an unserem Feiertag
bedroht
oder vorsichtiger ausgedrückt
sagen wir eingeengt fühlen
vom folgenden 1. November
oder von den Sparkassengeschenken
oder den Halloweenmasken

ist es nicht gänzlich
aber tendenziell anders geworden.

Sicherlich haben die Banken
weniger zu verschenken
wen wundert es denn in diesen Tagen...

Oder der Halloweenmarkt
ist gesättigt
nicht mehr neu
und so interessant...

Oder der 1. November
hat schon lange die Bedeutung
eher eines Kurzferienangelpunktes.

Überhaupt ist Reformationsgedenken
auch nicht geeignet
evangelisch und katholisch gegeneinander auszuspielen.
Der Adressat für Luthers Anfragen und Reformen
war die katholische Kirche
und als Evangelische warten wir bis heute
dass die Schwesterkirche
sich diesem nähert
und wir erhoffen es für sie
mit Blick auf die vielen offenen Fragen der Zeit.

Also es sind Ferien
wenn die Reformation gefeiert wird.
Welche Schule hat nicht ihre schulautonomen Tage
zwischen Nationalfeiertag und Allerseelen gelegt?!

Der Reformationstag ist für viele ein Urlaubstag

eingebettet in dem Wunsch
nach Herbstferien und Erholung.

Und wenn man in Kontexten
diesen Tag als Gedenktag retten will
dann braucht es die Besinnung
auf das Wesentliche
auf das was diesen Tag zu einem solchen hat werden lassen.

Und dann sind wir ganz klassisch
ganz fundamental
bei den 95 Thesen
die der Legende nach Martin Luther
an die Schlosskirche zu Wittenberg geschlagen
aber viel deutlicher und dies nun nicht legendarisch:
die von Luther an den zuständigen Bischof
also an die röm.-kath. Amtskirche gerichtet wurden.

‚Predigt es von den Dächern'
das war sicher Luthers Wunsch
laut das Bekenntnis zu Christus auf die Straße zu tragen
und alles wegzuräumen
was dem im Wege steht.
Alles wegzuräumen
was er für Lug und Trug gehalten hat.
Einzureißen Mauern der Angst vor Gott
und einzureißen Mauern der Trennung von Gott.

Um seinem Ansinnen auf die Spur zu kommen
lohnt es sich auf die eine oder andere These
die die Reformation auslösten
heute Morgen zu blicken.

So schreibt Luther etwa In der 17. These:
Es scheinen sich demnach Hölle, Fegefeuer und Himmel in der gleichen Weise zu unterscheiden wie Verzweiflung, annähernde Verzweiflung und Sicherheit.

Luther geht es um in diesem Bild zu bleiben
um die Leere und Sinnlosigkeit der Hölle
und um die Fülle des Himmels.

Luther hat nicht verstanden
oder wollte es auch nicht verstehen
- wenn Jesus wie in unseren biblischen Worten
heute Morgen davon redet
dass selbst die Sperlinge bei Gott aufgehoben
wir dann nicht noch viel sicherer von ihm
angenommen sind -
warum dann der Weg zu Gott
gepflastert sein muss
mit Stolpersteinen ohne Zahl
die einen sofort
ist man im Fallen von Schuld und Sünde
nicht in Gottes Hand
sondern geradewegs in die Verlorenheit hinunter fahren lässt-
die Bilder der Angst erzeugen.

Und Luther hatte vielleicht das Gespür
dass das was wir Hölle nennen
weniger Zeugnis der Heiligen Schriften
und auch weniger die Tradition einer Kirche
als vielmehr die Erfahrung unserer Welt ist.

Die Hölle ist die Verzweiflung sagt er
und ist damit ganz beim Menschen

bei unseren Erfahrungen
in unserem Alltag.

Es ist wie in unseren Sprachbildern
die wir für Hölle haben:
Was Menschen
früher und heutzutage
in Katastrophen durchmachen
ist sprichwörtlich die ‚Hölle auf Erden'
und es gibt doch kaum
eine direktere Drohung
eines Menschen gegenüber einem anderen
als diese:
‚ich mach dir die Hölle heiß'.

Aber bei der Hölle
und ihrer Bedrohung
blieb Luther nicht stehen -
nicht anders
ist es mit dem Fegefeuer
seinem Hauptangriffspunkt:

dieser Umschlagplatz
von rein und raus
nach unten in die ewige Verdammnis
oder nach oben
in die Nähe Gottes.

Und dies noch zu verkaufen
wenn das Geld im Spendenkasten klingt
die Seele aus dem Fegefeuer springt....
das war nicht nur verdächtig
nicht nur unmoralisch

und ist es bis auf den heutigen Tag
weil Ablässe immer noch vergeben werden -
sondern es ist theologischer Unsinn.

Das Leben als
eine moralische Besserungsanstalt
für das Leben nach dem Tod?
Wozu?
Was ist das für ein Gottesbild
das Menschen nach dem Tod
einer göttlichen Strafe
die in Bildern der Qual beschrieben wird
aussetzt?

Was ist das für eine Welt
die Angst erzeugt zu leben
und die Freude in den Hintergrund treten lässt?!
Wozu ist dann Christus gestorben
wenn wir doch weiter hier auf Erden für alles
zu zahlen haben
und das im doppelten Sinne des Wortes?!

Darum anders Luther in der 37. und 38. These:
Jeder Christ, der wirklich bereut, hat Anspruch auf völligen Erlass von Strafe und Schuld, auch ohne Ablassbrief.
Jeder wahre Christ, sei er lebendig oder tot, hat Anteil an allen Gütern Christi und der Kirche, von Gott ihm auch ohne Ablassbrief gegeben.

Das ist der Himmel
Anspruch und Anteil
sind die Worte
Anspruch und Anteil
auf das Ganze der Rettung

auf das Ganze des Heil-werdens!

Da ist nichts
aber auch gar nichts
was verdient werden -
da ist nichts
was man dafür hergeben könnte:
keinen Cent
keinen Euro
da ist alles Geschenk.

Und die einzige Frage
die bleibt ist:
ob du das glaubst
und du dich zu deinem Gott bekennen willst.

Dass wir es Recht verstehen:
Die Seite der Verdammnis entleert sich
von Angst und falschen Bildern
nur die eine Frage bleibt:
willst du gerettet sein?

Im heutigen biblischen Abschnitt
haben wir es gehört:
es gibt Bekenntnis
oder Verleugnung.
Das ist Himmel oder Hölle!

Diese Hölle ist zwar keine mit Pech und Schwefel
und mit Angst gefüllte, aber sie ist leer.
Sie ist Bild der Verlorenheit
so wie wir es schon oft in unserem Leben erfahren haben
und es gibt die Wahl:

das Leben als die einzige Gelegenheit zu nehmen
und das war es. Dann erfahren wir Leere…

Oder das Leben
als einzigartige Gelegenheit
als Leben auf Hoffnung hin
auf einen Himmel
der sich auf Erden schön öffnet
zu verstehen
und Gott in diesem Leben entdecken
der uns sieht
und annimmt wie wir sind.
Der uns aus unserer Verlorenheit
und Sterblichkeit
herausruft allein aus Gnade.

Dann fallen die Mauern der Angst
die Mauern der Trennung
und wir hören das österliche Lachen
über den Tod
weil seine Macht genommen ist….
Und dafür Gott Lob und Preis in Ewigkeit.

Vom wirklichen Ende

Markus 13,31-37

Himmel und Erde werden vergehen; meine Worte aber werden nicht vergehen. Von dem Tage aber und der Stunde weiß niemand, auch die Engel im Himmel nicht, auch der Sohn nicht, sondern allein der Vater. Seht euch vor, wachet! Denn ihr wisst nicht, wann die Zeit da ist. Wie bei einem Menschen, der über Land zog und verließ sein Haus und gab seinen Knechten Vollmacht, einem jeden seine Arbeit, und gebot dem Türhüter, er solle wachen: so wacht nun; denn ihr wisst nicht, wann der Herr des Hauses kommt, ob am Abend oder zu Mitternacht oder um den Hahnenschrei oder am Morgen, damit er euch nicht schlafend finde, wenn er plötzlich kommt. Was ich aber euch sage, das sage ich allen: Wachet!

Ende des Kirchenjahres
Letzter Sonntag
Ende!
Bei diesem Wort habe ich
ein Bild vor Augen
das sie sicher auch kennen:
im Film ganz am Schluss: ENDE

Damit ist die Handlung beendet
und oftmals leicht traurig
nimmt man Abschied von einer Welt
die dieser Film einem vor Augen gebracht hat.

Heute wird Philipp getauft.
Er ist noch ziemlich am Anfang seines Lebens
kein Baby mehr aber noch wenige Jahre jung.

Und wir sehen gerade in der Perspektive von Kindern
sehr genau diese Zeitstrecke:
Großwerden und Älterwerden.

Wenn sie mehr und mehr
lernen und erfahren
selbständig zu werden.
Vom Kind aus besehen
eine unglaublich lange Strecke
fast schon unendlich lang.

Älter
und alt geworden
ist die Strecke nicht mehr
so unendlich.
Wir werden uns bewusst
dass wir mit einem Ende der Zeit leben.

Es ist Ende des Kirchenjahres
letzter Sonntag im Kirchenjahr
und die Erinnerung daran
dass alle Zeit
sein Ende finden wird.

Oder anders gesagt
und viel wesentlicher:
es geht um die Mahnung
dass wir nicht so tun können
als sei alles endlos gegeben.

Wir stehen vor einem Ende
ganz undramatisch
vor einem Ende
allen Lebens
und allen Erlebens
und das wird uns bewusst

in vielen kleinen
und großen
in leichten und schweren Erfahrungen-

ich weiß das klingt vielleicht
sehr negativ
aber das meint es nicht.

Denn
erst das Leben mit
einem Anfang
und einem Ende
schenkt einem die Einmaligkeit
die doch für uns
mit dem Leben verbunden gilt.

Nochmals der Blick auf Philipp
oder überhaupt unsere Kinder.
Die ersten Lebensstunden
das erste Lebensjahr
der erste Kindertag
der erste Schultag
all das ist etwas Einmaliges
und lebt vom Ende der Zeiten.

Die Babyzeit
wie die Kindergarten-
oder die Schulzeit
gehen irgendwann zu Ende
und zeugen davon
wie einmalig
und unwiederholbar
all das Erlebte gewesen ist.

Unsere Lebenserwartung wird immer höher
laufend neu berechnet
und wir bemerken es auch in unserem Umfeld
und bei manchem kommt schon der Gedanke
wie wäre es denn endlos
leben zu können-
aber wäre das das Ziel
wäre das der Wunsch
die Vision?

Ein Leben ohne Ende
eine Welt ohne Ende?
Beides würde uns doch der
Einmaligkeit jeden Augenblickes berauben
und damit auch der Kostbarkeit.

Ein Leben ohne Ende
das hieße:
Alles wäre immer verschiebbar
und endlos wiederholbar.
Wir könnten immer sagen
später und später
und noch später...

Und dies Später
könnte uns der Gegenwart berauben
und damit auch allem Genusses
der doch gerade aus seiner Einmaligkeit Sinn gewinnt.

Jetzt wissen wir
jeder Schritt von Philipp ist einmalig
Und wenn wir uns an seinem

Kinderlachen erfreuen wollen
dann müssen wir es jetzt tun
weil schneller als wir denken
er groß sein und als Konfirmand hier in dieser Kirche
wieder sitzen wird.

Einmalig
eine Chance
nicht mehr.

Und genau diese Einmaligkeit
natürlich nicht nur der schönen
sondern auch der schweren Momente
macht alles so wertvoll.

Das Ende provoziert also keine Angst
auch wenn das immer wieder
falsche Propheten gerne sähen
die vom Untergang
und Schrecken reden
und alles, was auf unserer Welt an Schrecknissen
geschieht
als Zeichen und Anzeichen dafür verstehen.

Aber den biblischen Schriften
geht es nicht um Angst
sondern um Wachwerden.
‚Wachet' ist die Botschaft dieses Sonntages.
nicht: ängstigt euch
nicht: fürchtet euch
sondern:
schlaft nicht
seid wach

nehmt Blick darauf
dass alles was einen Anfang hat
auch sein Ende finden wird.

Das Ende schenkt uns Sinn
und gibt uns Aufgabe
Aufgabe, Wichtiges vom Unwichtigen zu trennen
danach zu suchen
was mir in meinem Leben wirklich wesentlich ist.

Das Ende schafft auch Entscheidung:
die Entscheidung wie ich mein Leben führen will.
Ich kann zwar ein paar Umwege nehmen
auch mal wieder von vorne beginnen
aber eben nicht endlos.
Ich brauch den Blick darauf
wofür ich leben will.

Aber das Ende schafft Hoffnung
so paradox das klingen mag im ersten Moment.
Das Ende schafft nicht nur Sinn
für unser Leben hier auf Erden
sondern auch Hoffnung
für eine Zukunft.

Zu vieles bleibt offen in dieser Welt
zu viel Sehnsucht, die ungestillt ist:
Sehnsucht nach Gerechtigkeit
nach Heilsein und Unversehrtsein
nach Freiheit
nach Leben überhaupt.
Zu viel Sehnsucht
nach Erlösung

die drängt nach einem neuen Himmel.

Darum singen wir zumindest einmal im Jahr
dies unglaubliche Lied:
der Himmel der ist
ist nicht der Himmel der kommt
wenn einst Himmel und Erde vergehen.

und dass wir dies nicht nur singen dürfen
sondern auch hoffen
dafür sei Gott Lob und Preis in Ewigkeit.

Printed by Books on Demand GmbH, Norderstedt / Germany